Johann Engling

Freiherr Heinrich Hartard von Rollingen, weiland Fürstbischof zu Speyer

Eine biograph. Skizze

Johann Engling

Freiherr Heinrich Hartard von Rollingen, weiland Fürstbischof zu Speyer
Eine biograph. Skizze

ISBN/EAN: 9783743644700

Hergestellt in Europa, USA, Kanada, Australien, Japan

Cover: Foto ©ninafisch / pixelio.de

Weitere Bücher finden Sie auf **www.hansebooks.com**

Freiherr

Heinrich Hartard

von Rollingen,

weiland Fürstbischof zu Speier.

Eine biographische Skizze

von

Joh. Engling,
Professor der Philosophie zu Luxemburg.

Luxemburg.
Druck und Verlag von Peter Brück
1865.

Freiherr
Heinrich Hartard

von Rollingen,

weiland Fürstbischof zu Speier.

„Lux templi Domini luxque sacri imperii."
Schlehlein, Leichenrede.

§ 1. Einleitung.

Es ist unläugbar, daß die deutschen Reichsfürsten mit ihrem Kaiser an der Spitze nicht allein auf die Länderbezirke, über welche sie geboten, sondern zugleich auch auf ganz Deutschland einen bedeutenden Einfluß ausübten. Darum gehört ihre Geschichte nicht bloß zur Geschichte ihrer Fürstenthümer, sondern auch zu der des gesammten germanischen Volkes.

Unter diesen Fürsten ragen einige, welche nebst dem Zepter zugleich auch den Krummstab führten, besonders hervor. Sie wirkten Großartiges für Staat und Kirche und traten mit solcher Kraft und Energie, mit solchem Muth und solcher Ausdauer auf, daß es zu ihrer Versöhnung mit ihren Gegnern vielleicht genügen dürfte, dieses ihr Auftreten unparteiisch mitzutheilen.

Zu diesen Fürsten gehören auch mehrere, welche der Luxemburger Heimat entstammten, im Auslande den Luxemburger Namen verherrlichten, ihrem Geschlechte zur Zierde und ihrem Geburtslande zur Ehre gereichten. Unter anderen seien hier genannt: Balduin und Heinrich Hartard von Rollingen [1]).

Wie einst ersterer, so zog auch letzterer zu seiner Zeit die Aufmerksamkeit auf sich. Daher fanden beide schon und finden annoch ihre Lebensbeschreiber. Diese sprach Hartard durch seine ungewöhnliche Festigkeit und Thätigkeit, sowie seine Liebe zu seinen Unterthanen an. Während er für diese letztern sich aufopferte,

---

[1]) Peter v. Aichspalt nennen wir nicht, weil seine Geburt als Luxemburger unerweisbar ist. Vgl. Dr. Schötter, Joh. d. Bl. 1. S. 40.

trat er zugleich kampfrüstig gegen den Stadt= rath von Speier auf, in der Überzeugung, daß er am Ende mit der Leidenschaft und den Vorurtheilen fertig werde. Mehrere Geschichts= forscher zwar legen ihm ebenso viel Engherzig= keit und Befangenheit zur Last, als den Speie= rern selbst; dennoch ist klar, daß er stets nur die Sache der Kirche zu der seinigen machte und keine persönlichen Interessen dabei im Auge hatte. Ist hierüber auch, so wie über die Art und das Maß der von ihm gewählten Mittel, die Forschung noch mit sich selbst nicht einig, so kann eine unparteiische Darstellung der vorliegenden Thatsachen doch wenigstens zur Einigung der Ansichten beitragen; und je= denfalls wird die von Hartard entfaltete Kraft und Entschiedenheit, von der Höhe seines da= maligen Standpunktes aus betrachtet, ihm leicht die Gemüther zuneigen. Sogar mehr noch kann geschehen; denn wer dabei zugleich auch auf die Wichtigkeit der Rolle, welche Har= tard seine Persönlichkeit und Stellung in einer sturmbewegten Zeit zu spielen eigneten, sein Augenmerk richtet, darf nicht allein etwaiger Schwäche dieses Luxemburgers Nachsicht, son= dern dessen Verdienste auch Bewunderung zu= kommen lassen.

Als dieß der Verfasser dieser Schrift erkannte und zudem auch öfter die Orte, an benen Har=

tarb als Knabe und Jüngling einst andächtig und nachdenkend weilte, besuchen und die dort von demselben zurückgelassenen Zeichen der Frömmigkeit und Zuneigung gewahren mußte, konnte er es sich nicht versagen, den Quellen der Lebensgeschichte dieses Luxemburgers nach= zuspüren, sich in ein tieferes Studium derselben einzulassen und daraus den Stoff zu der hier folgenden Biographie zusammenzutragen.

Die hiezu benutzten Quellen sind:

1. Ehem. Gouvern. de la Fontaine, Hand= schriftl. Notiz über die Freiherrn von Rollingen, vom 21. Jan. 1861.

2. Pierret, III. Art. Raville.

3. v. Geissel, der Kaiserdom zu Spr., III. Bd. Mainz 1828.

4. Pf. Görgen v. Siebenborn, Briefl. Nach= richt vom 5. Sept. 1861.

5. Prof. Marx zu Trier, Briefl. Mittheilg. v. 18. und 19. Jan. und 18. Aug. 1861.

6. *Memoriale* Bürgermeistere und Rath der hl. röm. Reichsfreien Stadt Speyer, von 1726. Cum adjunct. Lit. A. et Nro. 1 biß 17, an des hl. röm. Reichs Churfürsten, Fürsten, Stände, Räthe, Botschaften, Gesandten ꝛc. ꝛc.

7. Dr. A. Namur, Note sur Hartard d'Amsemburg

8. Dr. Neyen, Biogr. luxbg. II. art. *Raville.* — Desselben briefliche Bemerkungen v.

9. Dr. Nilles, Maria die mächtige Patronin zur Eiche, ꝛc. Lbg. 1857; und: Heinrich Hartard von Anſemburg, Freih. von Rollingen, des h. Römiſchen Reiches Fürſt und Biſchof von Speier. Mſcr., Hrn. Athenäumsdirektor Müller zu Lbg. als Jubilar gewidmet 1861.

10. Viri illustres luxemburg. Mſcr. der Stadtbibl. zu Lbg.

11. Publ. de la Soc. archéol. de Lbg. VI, VII und XIII.

12. Prof. Georg Rau, Chriſtoph Lehmann und ſeine Chronica der freien Reichsſtadt Speier, großentheils nach urkundl. Quellen geſchildert. Speier 1859.

13. *Extractus* aus dem Protokoll v. J. 1613—1711, wie auch Abſchriften von Privilegien und anderen Urkunden. Pag. 51 bis 83. Dieß Manuſcript führt den Titel: „Relation mit was vor Solemnitäten Biſch. Hch. Hartard am 26. Febr. 1711 zum Biſchoffen von Speyer erwehlet, und derwegen dieſer Wahl hieher gekommene Kaiſerl. Abgeſandte Fl. Graff von Königsegg von Seiten E. E. Raths empfangen ꝛc. worden."

14. Domkap. Sg. X. Remling, Gſch. d. Biſch. zu Speier. Mainz 1854, II. Bd. 2. Heft. Dieſes Werk iſt eigentlich die Hauptquelle. Darnach ſind die 5 letzten Paragraphen dieſer

Schrift meistens und hier und da sogar unter Beibehaltung des Ausdruckes bearbeitet.

Wie aus den Quellen der Stoff, so ergab sich aus dem Stoffe die nachfolgende Gliederung der Paragraphen. Der zweite Paragraph enthält Hartard's Geschlecht und Abstammung, der dritte seine Jugendjahre, der vierte seine frühern Pfründen und Ämter, der fünfte seine Amtsführung bei und nach Speier's Verbrennung, der sechste seine Erwählung zum Fürstbischofe, der siebente sein Zerwürfniß mit der Stadt, der achte seine Wirksamkeit als Fürst und Bischof, und der neunte seinen Tod und sein Begräbniß.

§. 2. Hartard's Geschlecht und Abstammung.

Heinrich Hartard stammte aus dem hochadeligen Geschlechte der Freiherrn von Rollingen oder Roldingen. Das Stammschloß dieses Geschlechtes, von welchem sich Trümmer bis auf den heutigen Tag erhalten haben, lag weder bei Mersch im Alzigthale noch, wie Einige angeben, an der Saar, sondern an der Nied in einer weiten Niederung von Deutschlothringen [1]).

Zur Herrschaft von Rollingen gehörten ursprünglich die Ortschaften: Buzendorf, Chaussy, Chevillon, Beschy, Catoncourt, Courselle, Fre-

---

[1]) **Public. de la Soc. archéol. de Lbg. VII.** S. **52** ff.

ture, Foullange, Haberange, Landoville, Lioville, Rumilly, Schwalbingen, Servigny, Wittoncourt, Weinhaut und Weisberg.

Die Familie von Rollingen (Rauvilla, Ray=
ville, Raville) war eine der ältesten und an=
gesehensten des Landes. Ihre Blüthezeit fällt schon in's 10. Jahrhundert, und es fehlt nicht an Angaben, die ihren Ursprung bis zur Epoche Karls d. G. zurückführen. Im Vierfelderschilde führte sie anfangs Himmelblau und Roth, drei silberne Pfähle, am Helme einen Pfauenkopf mit goldenem Schnabel und natürlicher Kraibe. Später, als sie auch zum Besitze von Sieben=
born gelangte, fügte sie ihrem ursprünglichen Wappenschmucke noch ein silbernes Ankerkreuz hinzu.

Von den ältesten Zeiten, besonders aber von der Epoche an, in welcher die Familie von Rollingen mit ihrer Stammherrschaft auch noch Ansemburg, Siebenborn, Holenfels, Körich c. vereinigte, bekleideten verschiedene ihrer Glieder die höchsten Staats= und Ehrenämter, und zwar als Gouverneure des Landes, als Edelraths=
herren, als Pröpste von Arlon und Bastnach, als Richter, Abgeordnete und Erbmarschälle des Adels u. s. w.

Schon um 932 lassen die « Viri illustres » Wilhelm von Rollingen dem ersten Magdebur=
ger Turniere beiwohnen. Die früheste nähere

Erwähnung von Rollingen findet sich vor aus dem Jahre 1164, in welchem dieß Schloß dem Bischofe Theodrich von Metz verpfändet wurde. Doch erst vom 14. Jahrhundert ab läßt sich die Reihenfolge der Geschlechter mit Sicherheit festsetzen.

Um 1323 lebte Johann I., Herr von Rollingen. Von ihm stammte 1370 Johann II., Herr von Rollingen und Brensdorf. Dieser heirathete Irmengarde von Mailberg, mit welcher er Johann III. und Gaspar I. zeugte.

Erster Zweig: Johann III. von Rollingen.

Johann III., Herr von Rollingen, Siebenborn, Daun, Dagstuhl, Densborn 2c., heirathete Anna v. Daun und starb 1461.

Aus seiner Ehe entsprossen: Johann IV. und Eva I., vermählt mit Heinrich von Fleckenstein.

Johann IV., Erbmarschall des Luxemburger Adels, Herr von Rollingen, Siebenborn, Daun, Dagstuhl, Densborn 2c., lebte um 1469, vermählte sich mit Johanna v. Elter und zeugte: Josse und Irmengarde, Gemahlin von Joh. Bayer von Boppart.

Josse von Rollingen, zugenannt der gute Marschall, Erbmarschall des luxemburgischen Adels, Herr von Siebenborn, Daun, Dagstuhl und Densborn, heirathete Margreth von Sierck, welche ihm gebar:

Wilhelm;

Joh. V., Herrn von Siebenborn ꝛc., vermählt mit Eva von Runckell, nachkommenlos verstorben 1540 und bestattet in der Pfarrkirche zu Siebenborn, woselbst noch jetzt sein Grabstein zu sehen ist;

Theodrich, Erzdiakon zu Trier, verstorben 1548; und

Irmengarde, vermählt mit Wilhelm von Runckell.

Wilhelm, Erbmarschall des herzogl. Lbgr. Abels, Herr von Rollingen, Daun, Densborn ꝛc., von seinem Zwillingsbruder Joh. 1530 auf dem Roste des Kirchhofseinganges zu Rollingen umgebracht und unter dem dortigen Glockenthurm beerdigt. Von seiner Gemahlin Margreth v. Savigny hinterließ er:

Irmengarde von Rollingen. Diese, einzige Erbin ihres Zweiges, heirathete Johann, Herrn von Criechingen, Pittingen ꝛc., und brachte ihm die Erbmarschallswürde des herzogl.-luxemburgischen Abels.

Anderer Zweig: Gaspar I. von Rollingen.

Gaspar I., Sohn von Johann II. und Margreth von Mailberg, Herr von Reckingen, 1431 Propst zu Luxemburg, zeugte zwei Söhne: Jakob I. und Johann VI.

Erster Zweig: Jakob I. von Rollingen.

Jakob I., Herr von Reckingen, heirathete

Agnes von Daun, Tochter von Heinrich von Daun und Julia Kämmerer von Worms. Dieser Ehe entsprossen:

Gaspar II.;

Georg, vermählt mit Johanna v. Kastell;

Nikolas I., Domherr zu Trier; und

Irmengarde, vermählt mit Peter von Zolver.

Gaspar II., Herr von Reckingen und Weibelskirchen, Gerichtsherr des luxemburger Abels, ehlichte Johanna v. Houssonville, von welcher er erhielt:

Heinrich;

Johann VII., vermählt mit Margreth von Sassenheim;

Katharina, vermählt mit Ludwig von Chenery, Herrn von Grange; und

Philippina, vermählt mit Friedrich von Helmstadt.

Heinrich von Rollingen, Herr von Reckingen und Weibelskirchen, heirathete Elisabeth von Elter, Tochter von Hüe v. Elter und Johanna von Haraucourt. Heinrich's Kinder waren:

Gaspar III.;

Wilhelm II., vermählt mit Elisabeth von Feltz, Tochter von Arnold von Feltz und Margreth von Holenfels; und

Katharina, vermählt mit Philipp von Sierck.

Gaspar III. von Rollingen, Herr von Wei=

belskirchen, Siebenborn und Dagstuhl, Richter des luxbgr. Abels, heirathete Eva von Feltz, Tochter von Bernard von Feltz und Barbara von Merode. Seine Kinder waren:

Johann VIII.;

Bernard, Herr von Ansemburg, Gemahl von Kunegunde von Brembach;

Arnold, Domherr zu Trier;

Katharina, vermählt mit Damian von Pallant;

Elisabeth, vermählt mit Hermann von Holenfels; und

Margreth, vermählt mit Sebastian von Flösheim.

Johann VIII. von Rollingen, Herr von Siebenborn, Daun, Dagstuhl und Holenfels, heirathete Margreth von Manderscheid-Blankenheim, Tochter von Johann von Mand.-Blankenh. und Margreth von der Marck. Mit dieser zeugte er:

Jakob II.; und

Claudius, vermählt mit Wolff von Cromberg.

Jakob II. von Rollingen, Herr von Siebenborn, Ansemburg, Körich ꝛc., Richter des Abels 1582, Propst von Arlon und Unter-Gouverneur des Herzogth. Lbg., heirathete 1º Margreth von Bassompierre, Tochter von Frz. von Bassompierre und Margreth von Dammartin;

2° Katharina von Pallant, Tochter von Damian von Pallant und Katharina von Rollingen. Von beiden Gemahlinnen bekam er:

Peter Ernest;

Diebrich, Domherrn zu Mainz, verstorben 1603; und

Regina, vermählt mit Samson von Warsberg.

Peter Ernest von Rollingen, um 1623 Herr v. Dagstuhl, Siebenborn, Mailburg, Ansemburg, Körich 2c., Propst von Arlon, Gerichtsherr des Abels und spanischer Unter-Gouverneur des Herzogth. Lbg., durch Gesandtschaftsdienste und Beförderung des Kirchenbaues der Jesuiten zu Lbg. ausgezeichnet, heirathete 1° Anna von Pallant, 2° Johanna von Metternich. Seine irdischen Reste wurden bestattet in der Kirche zu Körich unter ehrenvollem Epitaphium [1]). Aus seiner ersten und zweiten Ehe hinterließ er:

Florent;

Eduard, Richter des Abels, vermählt mit Anna Maria von Brouchoven, Wittwe von Johann von Tellin, Herrn von Martigneul 2c.

Peter Ernest II., Domherrn zu Trier; und

Dorothea, vermählt mit Godfried von Elz.

Florent (auch Franz Hortens genannt), Herr

---

[1]) **Dr. Neyen, Biogr. II, 69.**

von Rollingen, Siebenborn, Ansemburg ꝛc., ehelichte Anna Margreth von Seltz, mit welcher er erzeugte:

Franz Ernest;

Heinrich Hartard, verstorben als Fürstbischof von Speier 1719. Dieser Heinrich Hartard ist derselbe, dessen Biographie darzustellen Aufgabe dieses Schriftchens ist. Er wurde geboren am 13. Dez. 1633 auf der herrschaftlichen Burg zu Ansemburg.

Außer diesen beiden Söhnen hatte Florent auch noch eine Tochter.

Claudia Margreth, Dame von Siebenborn, Stiftsdame von Epinal, vermählt mit Joh. Martin von Brouchoven. Mit diesem zeugte sie Lucia, Dame von Siebenborn, verehelicht mit Karl Alexander von Berg-Saint-Vinnoc, Fürsten von Rache, Freiherrn von Zetrude ꝛc. Nach Claudia Margarethens Absterben heirathete Joh. Mart. v. Brouchoven des berühmten Malers Peter Rubens Wittwe, Helena Froment.

Franz Ernest, Herr von Ansemburg, kurmainzischer Oberstallmeister, verehelicht mit Anna Katharina Ludovica von Harff zu Drimborn, zeugte mit dieser:

Lothar Friedrich, vermählt mit Karolina von Thüngen und ohne Nachkommen verstorben 1735;

Claudius Wolfgang, Kanonikus zu Mainz, gest. 1735;

Joh. Friedrich, Domherrn zu Speier, verstorben 1730; und

Johann Philipp. Dieser, Freih. von Rollingen, Herr von Ansemburg, vermählt mit Theresia Knebel von Katzenellenbogen, war bischöflicher Oberstallmeister, Landfaut im Brurhein und Oberamtmann zu Bruchsal. Er zeugte sieben Töchter, die letzten ihres Namens und Wappens, nämlich:

Franciska Karolina, Gattin von v. Hirschberg;

Maria Josepha Johanna, verehelicht 1738 mit Hermann Ludwig Kerchering von Stapel;

Antonia Eleonora, verehelicht 1736 mit Maximilian Sigismund von Kunenburg;

Maria Luise Henriette, Gattin von Philipp Ernest, Freiherrn von Zehmen und Geheimrath des Fürstbisch. von Eichstädt;

Augustina Elisabeth Agatha, Ehrendame des sächsischen Hofes und vermählt mit einem Herrn von Bose;

Maria Theresia Francisca, verehelicht mit Philipp Ernest, Freiherrn von Gallen; und

Eva Philippina Antoinette, Chordame zu Prag.

Anderer Zweig: Johann VI. von Rollingen.

Johann VI., jüngerer Sohn von Gaspar I., war Herr von Hünchringen und Nörtzingen, heirathete Margreth von Mailberg, und kaufte mit ihr ein Haus zu Luxemburg neben dem Rathsgebäude. Aus seiner Ehe entsproß Niklaus II.

Niklaus II., Herr von Hünchringen und Nörtzingen, ehelichte Katharina von Britten, Dame von Berg bei Remich, Tochter von Johann von Britten, Herrn von Berg, Schöffen von Trier, und Barbara Zum-Heylien-Geist. Er zeugte:

Johanna, Dame von Berg, geb. zu Lbg. 1501 und gest. zu Trier 1569. Sie verehelichte sich mit Joh. Brenner von Nalbach, Herrn von Nalbach und Circker.

In den Papieren der früheren Herrschaft Contern geschieht öftere Meldung von einem väterlichen Onkel der Damen von Rollingen, mit Namen Ferdinand. Derselbe war Domherr und Chorbischof zu Trier und scheint der letzte Sprößling seines Stammes gewesen zu sein. In ihm erlosch wahrscheinlich das freiherrliche Geschlecht von Rollingen [1]).

---

[1]) Vgl. de la Fontaine, Extinct. de la fam. de Raville in den Public. de la Sociét. archéol. de Lbg., XIII., S. 121 u. 122.

§. 3. Hartard's Jugendjahre [1]).

Wo Hartard seine Wiege fand, da erhielt er auch seine erste Erziehung an der Hand Derjenigen, denen er sein Leben verdankte. Einen unbezweifelbar großen Antheil daran nahm zunächst die fromme Mutter. Daß aber beide, sowohl Vater als Mutter, ihrem Pfleglinge die zärtlichste Sorgfalt angedeihen ließen, dafür sprechen nicht allein die segenreichen Früchte ihrer Bemühungen, sondern auch ihre urkundlich bezeugte Gottesfurcht und das von ihnen in allem Guten gegebene Beispiel. Der Sorgfalt der Eltern entsprach die geistige Entwickelung des Kindes. Schon im Knabenalter leuchteten an Hartard seine Demuth, sein Gehorsam, seine Wohlthätigkeit und Frömmigkeit, ganz besonders aber seine Andacht zur jungfräulichen Gottesmutter hervor.

Ob der Vater seinem heranwachsenden Sohne selbst als Lehrer gedient oder demselben einen Hauslehrer, etwa den gelehrten Pfarrer Peter Sylvius von Tüntingen oder einen anderen ähnlichen, besorgt habe, darüber lesen wir nirgends etwas Bestimmtes, dürfen Letzteres jedoch als wahrscheinlich ansehen, indem wir nur so begreifen können, wie Hartard später

---

[1]) Dr. Nilles, Heinrich Hartard v. Ansemburg ꝛc.; die mächt. Patron. z. Eiche; und Remling, a. a. D. II., 2. H. S. 599.

binnen drei Jahren zu Rom seine Studien zu absolviren vermochte. Da wir nirgends erwähnt finden, daß er auch noch anderwärts studirte, so glauben wir, daß er vor seiner Abreise nach Rom keinen anderen Unterricht genossen habe, als denjenigen, welcher ihm im Schooße seiner eblen Familie zu Theile ward.

Es wäre überflüssig hervorzuheben, daß Hartard, in Folge seiner Studien am väterlichen Heerde, sich in der besten Umgebung befand. Seine steten Leiter und Erzieher waren seine Verwandten, durch Religiosität und Gesinnung nicht weniger als durch Geschlechtsadel ausgezeichnet. Wie aufrichtig dieselben es mit dem katholischen Christenthum meinten, hatten mehrere von ihnen durch Beschenkungen an Kirchen und fromme Stiftungen, z. B. die des Personats zu Siebenborn, gewissermaßen zu erkennen gegeben.

Auf Hartard's Seele konnten auch die ihn umgebende äußere Natur und sagenreiche Lokalität nur einen günstigen Eindruck machen. Wie sehr mußte er sich gehoben fühlen durch die stille Einsamkeit, in der er fortwährend lebte! Welche Gemüthssprache führten mit ihm die schattigen Windungen des Eischthales, die Schluchten und Felsenwände, in und an welchen er täglich mit Nachsinnen wandelte! Welche Gefühle erregte in ihm diese oder jene der dortigen Ansichten, welche nochmals, wie wir wissen, bald Dichter und Dichterinnen, bald fromme Betrachter zu lyrischen Ausbrüchen und Ergüssen begeisterten!

Wie die Natur, so wirkten auf Hartard auch wohlthätig ein die Schöpfungen der Menschenhand. Auf der damals hochthürmigen und bislang erhaltenen Felsenburg, in welcher er zuerst das Tageslicht erblickt hatte, begünstigte ein Kapellchen seine tägliche Andacht; diese ward auch oft unterhalten durch die nahe Stiftskirche zu Marienthal, die Pfarrkirche zu Tüntingen, die von seinen Ahnen beschenkten Kirchen zu Siebenborn und Holenfels. Am meisten Nahrung jedoch scheint, wie aus alten Familienbriefen zu entnehmen, seine Frömmigkeit vor dem uralten Bilde der „Zuflucht der Sünder" oder Patronin zur Eiche [1]) auf dem „Marienberge", gegenüber seinem Stammsitze, gefunden zu haben. Wie in tausend andern Herzen, so weckte gewiß auch in dem seinigen die hervorragende Skulptur der Gnadenvollen die Sehnsucht nach dem höhern Leben. Schon am Fuße dieser lieblichen Gestalt, im Walddunkel himmelhoher Buchen und Linden und in der nur durch das Rauschen des Laubes unterbrochenen Stille brachte der Jüng-

---

[1]) Public. archéol. de Lbg. XVI., S. 97 ff.

ling, sagt man, zur Reife seinen Entschluß, sich dem Priesterstand und Dienste der Kirche ohne Vorbehalt zu widmen.

Zu so hohem Entschlusse war, was wir nicht im Geringsten bezweifeln, schon an und für sich Hartard's begabte und kräftige Seele vollkommen fähig; dennoch lassen wir gelten, daß demselben auch äußere Verhältnisse zur Stütze gereichten. Zu diesen Verhältnissen rechnen wir den Umstand, daß mehrere Oheime Hartard's sich lange vor ihm dem geistlichen Stande bestimmt und darin Domherrnstellen und andere hohe Kirchenämter bekleidet; daß mehrere seiner Großmuhmen, namentlich Margaretha von Rollingen sieben volle Jahre und zwar bis 1609, das adelige Stift Marienthal als Priorinnen glorreich regiert hatten.

Was aber auf Hartard's Vorsatz vielleicht einen noch entscheidenderen Einfluß ausübte, waren die Mißgeschicke und trauervollen Ereignisse, die er in seiner Nähe erblickte. Hungersnoth, Raub, Pest und Verzweiflung gesellten sich zu blutigem Kriege, um die friedlichen Ufer der Eisch, den bisherigen Sitz ländlichen Wohlstandes und harmlosen Glückes, in eine schaurige, menschenleere Wüste zu verwandeln.

Welchen Anblick dieser Landstrich dargeboten habe, können wir unschwer aus der Chronik von Marienthal erfolgern, worin es heißt:

„Die Zahl der Nonnen bestand aus 120 Personen und währte so fort bis zu dem traurigen und beweinenswürdigen Pestjahre 1636, welches, im Verbande mit dem grausamen die Provinz entvölkernden Schweden- und Croatenkriege, diese vornehme Genossenschaft bis auf sechs junge Damen, die noch keine passive Stimme hatten, hinwegraffte". Welche Verheerungen diese Gegend trafen, ersehen wir auch aus der 1644 vorgenommenen Feuerzählung, gemäß welcher in der Herrschaft Ansemburg nicht Eine Feuerstelle unzerstört blieb [1]). Auch wird anderswo erzählt, daß die Felder unangebaut lagen; daß in den öde gewordenen Gegenden die wilden Thiere sich vermehrten und selbst in die Wohnungen der Menschen eindrangen.

Beim Anschauen solcher Übel betete Hartard oft und inbrünstig vor der mächtigen Patronin zur Eiche und gelangte nun zu dem Vorhaben, das Joch des Herrn auf alle Tage seines Lebens zu übernehmen.

Doch mehr, als diese Umstände, und am meisten wohl beschleunigten Hartard's Entschluß die Unfälle, welche im Besonderen seine eigene Familie, Schlag auf Schlag, trafen. Unter

---

1) N. Preisdorff, die Hexenproz. & Public. archéol. XVI. S. 191.

allen herrschaftlichen Familien des Landes ist nicht leicht eine zweite zu finden, die im Laufe der Zeiten ähnliche Prüfungen zu bestehen gehabt hätte. Zu Anfange des sechzehnten Jahrhunderts drohete das unerhörte Verbrechen des von Johann von Rollingen an seinem Bruder Wilhelm auf dem Kirchhofsroste seines Stammortes [1]) verübten Mordes sie für immer zu verderben. Fast hundert Jahre lang ward sie mit Widerwärtigkeiten jeder Art heimgesucht. Auch zu Hartard's Lebzeiten noch erlebte sie manches Unglück und sank nach und nach in solche Verarmung, daß der Dynast von Rollingen, wie wir aus einem Briefe des Luxemburger Kommandanten von Louvigny ersehen, seinen Gläubigern 1671 Hab und Gut überlassen, betteln und von Almosen leben mußte [2]). Auch mochte diese Lage der Verwandten, welche Hartard's Kelch mit Bitterkeit erfüllte, sein Herz vollends entflammen für den Gedanken priesterlicher Weltentsagung.

Von nun an wuchs des Jünglings Vertrauen zur Gottesmutter von Tag zu Tag. Wie deren Verehrung auf der Eiche für die Seinigen eine Familien=, so war sie für ihn eine persönliche Angelegenheit. Daß sie zusammen das Gnadenbild in der Baumnische wür=

---

1) Dr. Neyen, Brief v. 22. Okt. 1861.
2) Publ. d. l. S. arch. VII. S. 66.

big zu behandeln wußten, geht aus den denkwürdigen Worten hervor, mit welchen der alte Pfarrer von Tüntingen seine Verwunderung über die herrschaftliche Sorge um diesen Schatz ausdrückte. ‹Quanto melioribus præstat, rief er aus, tanto ipsa honoratior!› Je höher die Diener stehen, wollte er sagen, desto glorreicher erscheint die Majestät ihrer Königin. Deswegen willigte auch Hartard, wenngleich erst als Domkapitular zu Trier, in die Abtretung des „Marienberges" an das Haus Thomassin-Bibart ein, und schloß sich, sobald er sah, daß die Verwandten dem Bilde ein gothisches Kirchlein erbauen wollten, gern ihrer Absicht an. Die Bekundung davon enthält sein Brief vom 7. Juni 1678[1]).

Hatte Hartard einmal den Entschluß gefaßt, den geistlichen Stand zu ergreifen, so blieb er ihm von da an auch immer getreu, und bezog auf denselben all' sein Thun und Trachten. Die Vollführung desselben war sein Gedanke bei Tag, sein Traum bei Nacht, auch der Gegenstand seines Gebetes, so oft er vor seiner Patronin niederknieete. Vor diesem Bilde ward er eines Tages, wie erzählt wird, bei Abbetung der prophetischen Worte: „Dein guter Geist wird mich in's rechte Land geleiten!"

---

1) Hochgräfl. Archiv.

der Stimme Mariens gewürdigt, die ihm zu verstehen gab, daß die hl. Stadt für ihn der rechte Ort sei und er sich daselbst in der Schule der Tugend und Wissenschaft auf seinen apostolischen Beruf vorbereiten solle.

Um dieser Mahnung leichter Folge leisten zu können, trat Hartard, wie eine alte Notiz meldet, schon im Jahre 1646 in's Domkapitel zu Trier und wurde Stiftsherr des reichsritterlichen Odenheim bei Bruchsal[1]).

Auch ließ er sich, bevor er der ewigen Stadt zueilte, von seinen Onkeln das von diesen besessene und von Thomas von Siebenborn 1516 hierselbst gestiftete Personat ertheilen und behielt diese Pfründe auch später noch als Bischof von Speier bei. Darum verlor er denn Siebenborn auch nie aus dem Andenken; verschönerte noch 1716 die dortige von dem genannten Pfründestifter erbaute Pfarrkirche, und beschenkte sie mit fünf gemalten Fenstern, von denen zwei bis auf den heutigen Tag gut er-

---

1) „Diese Notiz findet sich, sagt Hr. Prof. Marx von Trier, in einem alphabetischen Namensverzeichnisse Trier'scher Domcapitulare aus den mittelalterlichen und späteren Jahrhunderten, aus alten Dokumenten zusammengestellt. Nimmt man zu dieser Notiz die Angabe, daß Hartard im Jahre 1633 geboren ist, so muß ich daraus schließen, daß derselbe 1646 nur erst als Domicellar (canonicus extracapitularis) in das Trier'sche Domcapitel eingetreten ist, indem er erst 13 Jahre zählte und also noch nicht canonicus capitularis werden konnte."

halten ¹) und drei zerbrochen sind. Zugleich soll er ihr auch kostbare Meßgewänder²) und andere Gaben, worüber aber keine nähere Nachricht vorliegt, verehrt haben.

Sobald Hartard sich in dem Besitze der genannten Pfründen sah, trat er im Alter von zwei und zwanzig Jahren seine Reise nach Rom an, woselbst er 1655 sich in das 1552 gestiftete deutsche Kollegium aufnehmen ließ. Daß er sich während seines dortigen dreijährigen Aufenthalts als ein würdiges Pflegekind dieser Anstalt erwiesen, bezeugt der Erfolg, mit welchem er darin an seiner moralischen und wissenschaftlichen Ausbildung arbeitete. „Schon dort, sagt ein Forscher³), zeichnete er sich durch eine vortreffliche Rednergabe aus. Im Lateinischen, Italienischen und Französischen war er so bewandert, wie in seiner Muttersprache." Auch seine theologischen Kenntnisse erwarb er sich meistens zu Rom und betrat daselbst den Weg der Tugend und Weisheit, auf dem er sich bald zum Vorbild und Muster der dort studirenden Jugend erschwang und nachher zu

---

1) Auf jedem liest man unter des Bischofs Wappen: „Heinrich Hartard, von Gottes Gnaden Bischof zu Speyer, des heyl. Röm. Reichs Fürstpropst zu Weissenburg und Odenheim, Chorbischof zu Trier und Personalista zu Siebenborn — aus Gnaden mitgetheilt anno 1716."

2) Dr. Neyen, Biogr. luxemb. II., S. 68.

3) Remling, a. a. O. II. Bd. 2. H. S. 599.

den höchsten kirchlichen Würden und Ehrenstellen emporstieg. Mit Recht führt ihn daher auch Aug. Theiner ¹) unter den berühmten Männern auf, die ihre Studien in dem Collegium germ. zu Rom gemacht haben. In diesem Institut las Hartard mit besonderer Vorliebe die Missionsberichte früherer Germaniker über die Wiederherstellung des Glaubens in Deutschland. Einen begeisternden Eindruck machten besonders auf ihn die Briefe des P. Chr. Weilhammer über die apostolischen Arbeiten des jungen Priesters Jak. Herzäus aus Luxemburg ²).

Bei Hartard's Austritt aus dem gedachten Kollegium fügte der P. Rector dessen Namen im Katalog folgende kurze, aber bedeutsame Censur eigenhändig hinzu: «Discessit 11ª aug.

---

1) Gesch. d. geistl. Bildgsanst.

2) Von diesem las er: «Ad pagos excurrebat, non imbri, non hieme, non præaltâ interdum nive deterritus, ne ad rusticanam plebem salutis præsidia deferret .. Si qui rusticorum dedocti Romano Pontifici sacramentum dicerent, id adeo impotenter accipiebant magistri hæreseos..... ut contra innocuos sacerdotes turbas seditionesque concirent, qui proinde conviciis, sannis, lapidibus interdum atque omnibus indignitatibus impetebantur. Fuit Duderstadie in Eisfeldia, qui in Herzæum ad aram facientem, dum maxime divinam attollit hostiam, lapidem grandiusculum summo nisu jecit, haud dubie sacerdotem aut hostiam ictu nefario violaturus, nisi conatum impium male directus lapis fefellisset...»

1658 vocatus ab Electore Trevirensi ad ingrediendum Capitulum; *optime se gessit et profecit in pietate et litteris*¹)«.

Es wäre damals für Hartard ein Leichtes gewesen, sich zu Rom, wo er manche Gönner und Freunde zählte, eine vortheilhafte Stellung zu verschaffen. An deshalbigen Anträgen fehlte es nicht. Allein, da er sich für den Kirchendienst in seinem Vaterlande bestimmt hatte, so folgte er dem Willen des Erzbischofes Karl Kaspar von Trier, als dieser ihn zur Wirksamkeit in seine Nähe berief. Zum Priester geweihet, verließ er Rom in der Blüthe des Alters und kam zurück in den Sprengel, welchem er der Geburt nach angehörte.

§ 4. Hartard's frühere Pfründen und Ämter²).

In das Land seiner Heimat zurückgekehrt, stand Hartard im Vollbesitze seiner moralischen und physischen Kräfte, war reich an Kenntnissen, erfahren und urtheilsfähig. Seinem vortheilhaften Inneren entsprach ein ungewöhnlich schönes Äußere. Seine leibliche Größe gebot Ehrfurcht; stark waren seine Glieder, ehrwürdig und für sich einnehmend sein Aussehen,

---

1) Catal. manuscr. ad anu. 1658, angeführt von Hrn. Dr. *Nilles.*

2) Remling, a. a. O. II, 2. H. S. 538—600; u. Dr. Nilles, H. Hartard 2c. S. 28—29.

wohlgeregelt seine Haltung, breitgewölbt seine Stirne, scharf und voll sein Auge, reich sein auf die Schultern herabfließendes und in späteren Jahren schneeweiß gewordenes Haupthaar [1]).

Solche Eigenschaften waren seine Empfehlung bei dem Erzbischofe von Trier, als dieser ihn in seine Stelle und Pfründe am Dome einführte. Sie bewirkten, daß er bald darauf auch zum Stiftsherrn zu St. Simeon in derselben Stadt erwählt ward.

Können wir auch kein Näheres über Hartard's Aufenthalt zu Trier, mit welchem sein öffentliches Leben begann, mittheilen, so läßt derselbe sich dennoch keineswegs bezweifeln. Denn seine dortige Anstellung war damals die einzige, die er versah und sie forderte, daß er dort resibirte. Auch für eine gewisse Dauer dieses Aufenthalts spricht wohl der Umstand, daß er später bei seinen frommen Stiftungen Trier besonders berücksichtigte. In dieser Stadt gründete er vor anderen Seelenämtern eines für sich mit 300 Rthr. In welchem Jahre er aber zu Trier zu wohnen angefangen, kann man, da hierüber nichts Bestimmtes vorkömmt, nur beiläufig vermuthen. Sicher hatte er hier

---

1) So sein gemaltes Bildniß auf dem Rathhause zu Bruchsal und ein lithogr. in „König's Fehde der Stadt Speyer ꝛc. 1830."

bereits mehre Jahre als Canonicus verbracht, als er auch Mitglied des Domkapitels zu Speier und mithin auch dort, wenigstens zeitweilig, zu leben pflichtig wurde.

Die Kapitularstelle zu Speier erhielt Hartard, indem Erzherzog Leopold Wilhelm von Österreich zu dessen Gunsten auf seine Pfründe verzichtete; welche Verzichtung vom Kapitel am 31. Oktob. 1662 genehmigt ward. Von diesem Zeitpunkt an wohnte der neue Domherr oft zu Speier. Am 6. November desselben Jahres wurden dort sein Adel geprüft, seine Hände untersucht, von ihm, wie üblich, der Sprung von der Bank gethan, 150 Goldgulden Taxe und 50 Reichsthaler für das Mahl der Kapitulare entrichtet, und er unter diese letzteren aufgenommen.

Kaum war Hartard in die Mitte des Domkapitels eingetreten, so stieg er von Würde zu Würde empor, ward zuerst Scholaster zu Speier und Bruchsal, dann im Jahre 1675, als Johann Hugo von Orsbeck zum Bischofe von Speier gewählt worden, dessen Nachfolger als Erzdiakon zu Trier und Chorbischof des Titels St. Agatha zu Longwy; das darauf folgende Jahr, wo der genannte Prälat Erzbischof von Trier wurde, dessen Statthalter in spiritualibus und civilibus zu Speier; und den 3. Nov. 1688 auch Dombechant daselbst

und Propst des Stiftes Odenheim in Bruch=
sal. Von dieser Zeit an sah er sich verpflichtet,
zu Speier zu residiren. Weil er aber, selbst
noch nach seiner Wahl zum Bischofe, seine
Pfründe als Erzdiakon zu Trier mit päpstlicher
Genehmigung beibehielt, so mag er sich auch
hier noch jedes Jahr zeitweilig aufgehalten
haben.

Nicht bloße Gunst oder hohe Verbindung
verhalf Hartard zu solchen fortschreitenden Be=
förderungen, diese waren vielmehr das Ver=
dienst seiner allgemein anerkannten Tüchtigkeit.
Er galt für einen der erfahrensten und geschick=
testen Staatsmänner seiner Zeit. Seine hohe
Begabung, Wissenschaft, Weltkenntniß und
Staatsklugheit waren nicht nur seinen Mitka=
pitularen, sondern auch seinen Obern bekannt.
Schon bei seiner ersten Sendung zum heiligen
Stuhl unter Erzbischof Franz Lothar suchte
das Oberhaupt der Kirche den gewandten Ge=
schäftsträger durch Eröffnung glänzender Aus=
sichten zu Rom zu behalten. Hartard's Fähig=
keit erkannten die beiden Kurfürsten Joh. Phi=
lipp von Schönborn und Karl Ludwig von der
Pfalz, welche, als derselbe sich behufs einer
zweiten Reise nach der Hauptstadt der Christen=
heit bei ihnen beurlaubte, ihm, um ihn davon
abzubringen, das General=Kriegskommissariat
am Rheine antrugen. Seine Tüchtigkeit schätzte

der Erzbischof Karl Kaspar von Trier, weil
er, um aus Hartard's Erfahrung Nutzen zu
schöpfen, einen beständigen Briefwechsel mit
ihm unterhielt; sie achtete Franz Lothar von
Mainz, welcher ihn in den schwierigsten Angele=
genheiten zu Rathe zog und zu verschiedenen
Gesandtschaften verwendete; sie verehrten end=
lich viele andere Fürsten, indem sie bei bedenk=
lichen Händeln riefen: „Lasset nur den Speie=
rer Statthalter gewähren: der wird schon ein
kräftiges Mittel, wie am besten zu helfen, aus=
sinnen!"

Die belangreichste Anerkennung jedoch, welche
Hartard's Verdienste zu Theile ward, war seine
Beförderung unter seinem unmittelbaren Vor=
fahr, welcher, gleich nach seiner Erhebung
auf den erzbischöflichen Stuhl zu Trier am
23. August 1676, ihn zu seinem Statthalter im
geist= und weltlichen Regimente des Hochstiftes
Speier ernannte und in dieser Eigenschaft bis
zu seinem Tode ohne Anstand beließ. Die
Statthalterei, von Kurfürst Lothar Friedrich
zuerst angeordnet, bestand seit 1664 und war
mehr, als sonst eine Amtsführung, geeignet,
Hartard auf den Fürsten= und Bischofsberuf
vorzubereiten, sein Talent zu bewähren und
seine Thätigkeit in ihr schönstes Licht zu setzen.
Er führte dies Amt nicht lange, so konnte er
sich rühmen, „mit eigner Hand mehr geschrie=

ben zu haben, als man auf einen Wagen hätte laden und mit 6 Pferden fortbringen können". Zudem kannte er alle Beamten, Ortschaften und Verhältnisse der Provinz und war für sie ein lebendiges Archiv.

Bei häufiger Abwesenheit des Dombechanten Johann Hugo v. Orsbeck führte der neue Statthalter im Kapitel den Vorsitz. Alle wichtigeren Verhandlungen mußten dem Kurfürsten vorgelegt werden. Sowohl sein Statthalter als der Kanzler reisten, um darüber mündlichen Bericht abzustatten und Entscheidungen zu erholen, oft nach Mainz. Fast immer hatten sie mit verwickelten Händeln, oder rechtswidrigen Eingriffen und Überfällen der Kurpfalz, sowie mit Kriegszügen, Beschädigungen und Forderungen der Franzosen zu kämpfen und zu thun. Täglich übten diese letzteren neue Gewaltthätigkeiten aus, wurden von kaiserlichen und sächsischen Truppen umschlossen, und dann von raubgierigen pfälzischen „Schnapphähnen" ersetzt. Darüber benachrichtigte Hartard am 4. Mai 1674 den Kurfürsten und eilte zur Vertretung seiner, der Franzosenbegünstigung verdächtigten Stiftsgenossen in das Lager des Feldmarschalls von Caprara nach Hofheim und in das des Obersten Caean nach Zugenhausen. Am 16. Juni d. J. besiegte Turenne die Kaiserlichen; am 20. plünderten die Franzosen Kirrweiler;

am 24. Sept. errangen sie den Sieg bei Ensisheim und bedrängten nun das Hochstift mit neuen Durchzügen und Lagern. Dieß Letztere dauerte fort, bis der genannte Feldherr am 27. Juli 1675 bei Sasbach von einer 6pfündigen Kugel zerschmettert wurde.

Unter Lothar Friedrich's Nachfolger, Johann Hugo, d. h. von 1675 an waren die Verhältnisse im Speierer Bisthum noch eben so bedenklich und schwierig, wie früher. Vielfach nahmen sie Hartard's Sorgen und Kräfte in Anspruch. Theilweis war das Ländchen noch mit fremden Truppen besetzt. Deswegen konnte dessen Huldigung der neue Fürstbischof auch nicht selbst entgegennehmen, sondern beauftragte seinen Statthalter, es in seinem Namen 1678 zu Gernsbach, Staufenberg, Scheuren, Lußheim und 1680 zu Speier, Kirrweiler, Deidesheim und Marientraut zu thun.

In Mitte des Kriegsgetümmels, der blutigsten Kämpfe und manchfaltigsten Bedrängnisse versäumte Joh. Hugo nicht, wie als Fürst so auch als Oberhirt, seinem unglücklichen Landbezirke alle mögliche Sorgfalt zuzuwenden. Hartard ernannte er 1676 zu seinem Stellvertreter, zum Präsidenten des bischöflichen Hofrathes und später auch zum Generalvikar. Wie kräftig dieser eingriff, können wir entnehmen aus den vielen Verordnungen und Sendschreiben, die damals zur Heilung der Gebrechen bei Geistlichen und Laien erlassen und seiner Obsorge behufs Ausführung überwiesen wurden.

Im Januar 1680 forderte der französische Stadtvogt zu Weißenburg, Pape d'Espel, von den fürstbischöflichen Beamten zu Lauterburg den Eid der Treue. Bald nachher lud auch der «Conseil souverain d'Alsace» vor sich nach Breisach sämmtliche Stiftsgenossen oberhalb der Queich, um sie dort Ludwig XIV. huldigen zu lassen. In dieser Angelegenheit reiste der Statthalter am 24. Januar 1680 nach Koblenz zum Kurfürsten. Dieser untersagte seinen Unterthanen bei Lebensstrafe, den Franzosen Unterwürfigkeit zu geloben. Auf den 5. April 1680 wurden hiezu die Stiftsangehörigen abermals nach Weißenburg geladen und ermahnt, das geforderte Schutzgeld mitzubringen. Die fürstbischöflichen Zollstöcke ließ man niederwerfen, das französische Wappen anschlagen, in den Kirchen für den französischen König beten und alle Insassen bescheiden, ihr Recht bei Berufungen nicht mehr zu Speier, sondern zu Breisach zu suchen. Der Großprovost Beausier ritt, von Soldaten umgeben, in die einzelnen Dörfer, um die Huldigung zu erpressen. Johann Hugo sandte deshalb den erprobten Hartard nach Versailles. Von diesem kam unter'm 20. Mai ein Schreiben an die Speierer Kanzlei, gemäß welchem der Minister Louvois erklärte: die hochstiftlichen Beamten sollen ihre Stelle behalten; Frankreich beanspruche nur das «Dominium supremum» und dessen Rechte; das «Dominium utile» aber werde dem Hochstifte verbleiben. Diesemnach mußten die fürstbischöflichen Beamten sich im Sept. 1680 zu Lauterburg beeidigen lassen. Sie fügten sich der Gewalt, weil sie selbe nicht zu brechen vermochten.

Während dieser bedrängnißvollen Jahre fand sich der Fürstbischof nur selten zu Speier ein. Um so größer und drückender wurde für Hartard die Last des Kummers und der Mühen. Um diesen genügen und überall Fürsorge oder Abhülfe leisten zu können, mußte er sich gleichsam vervielfältigen. Dabei hatte er persönlich stets Vieles zu erdulden. Seit dem Einbruche der Franzosen erfuhr er umeinander die härtesten Prüfungen; doch gering noch durften ihm diese vorkommen gegen die, welche ihm auf das Jahr 1689 aufbehalten waren.

§ 5. Hartard's Amtsführung bei und nach Speier's Verbrennung [1]).

Neuen Anlaß zum Kriege fand Ludwig XIV. in dem 1685 erfolgten Tode des Kurfürsten

---

1) Remling, a. a. O. — J. Geissel, der Kaiserdom zu Speyer. 3. Bd. Mainz 1828.

Karl von der Pfalz, indem er für seine Schwägerin, die einzige Schwester des Verstorbenen, einen Theil der pfälzischen Besitzungen in Anspruch nahm. Schon im Spätherbst 1686 ließ er, dem 1661 geschlossenen Waffenstillstand zuwider, auf der Rheininsel Giesenheim eine neue Festung anlegen, seine Generäle Bouflers und d'Huxellers in die Pfalz einbrechen, 1688 Neustadt und Speier wegnehmen, in letztere Festung starke Besatzung bringen und Philippsburg belagern.

Mit beispielloser Rohheit wurde die ganze Unterpfalz verwüstet; und Speier nicht allein besteuert, sondern auch, um für die „Reunionskammer" neue Belege zu finden, sein Archiv, sowie das des Kammergerichtes und des Bischofs durchstöbert. Als darauf am 14. Febr. das deutsche Reich den Franzosen den Krieg erklärte, sollte diese Stadt, auf daß der Feind keinen Stützpunkt am Rheine fände, auch noch in Asche gelegt werden.

Mit Neujahr 1689 kamen nach Speier noch neue Truppen, neue Dränger. Als darnach, am 30. Januar, auch der General Monclar mit dem Festungsdirektor Tarabe die Ringmauern genauer besichtigte, da sah die Stadt immer banger ihrer nächsten Zukunft entgegen. Und schon am 1. Febr. rückte die Besatzung mit Brecheisen, Keilen und Schaufeln aus,

Sogleich ließ der Gemeinderath mit der Geistlichkeit, nachdem er eben durch den Statthalter achthalbhundert Gl. Kriegssteuer gezahlt, die Leute des stolzen Ludwig anflehen, doch wenigstens die inneren Mauern und Thürme der Stadt zu schonen. Es ward ihnen die kalte Antwort: „Der König findet für gut, daß sie, um seinen Feinden diesseit des Rheines nicht als Stützpunkt dienen zu können, geschleift werden." Und die Speierer, von welschen Frohnvögten gedrängt, mußten selbst Hand anlegen, ihre schirmenden Thore und stolzen Zinnen niederzureißen. Sie fürchteten jetzt das Ärgste, ungeachtet der Kriegskommissär unter Trommelschlag bekannt machen ließ: „es solle Niemand es wagen, vom Plündern und Niederbrennen der Stadt zu reden, denn es werde keines von Beidem geschehen."

Gegen Mitte März kamen Monclar und Tarabe mit neuen Truppen. Man fing jetzt an auch die innern Thürme zu sprengen. Nur das „Altpörtel" neben dem Karmeliterkloster, in welchem der Marschall Duras sein Quartier hatte, wurde durch einen Fußfall des dortigen Priors gerettet, um noch heute an die alte Herrlichkeit Speier's zu erinnern. Es stürzten 7 Haupt- und 22 Nebenthürme in Trümmer. Der hieburch verursachte Schaden wurde auf 592,416 Gulden berechnet. Duras versprach zwar, daß nunmehr die Stadt nicht weiter würde bedrängt werden; allein schlecht hielt er sein Wort.

Gleich wurde alles Getraide weggenommen und fortgeschafft. Immer sammelten sich mehr Soldaten zu Speier. Am 23. Mai, Nachmittags 4 Uhr, beschied der Kriegsintendant be la Fond die Rathsherrn und 15 der vornehmsten Bürger vor sich in die bischöfliche Pfalz und erklärte ihnen im Beisein Monclar's: "Binnen 6 Tagen muß die Stadt von allen Einwohnern mit Weib und Kind, Sack und Pack geräumt sein. Wer darin nach dieser Frist aufgegriffen wird, ist kriegsgefangen und verliert seine Habe. Des Königs Absicht ist, daß der Feind keine Lebensmittel oder Handlanger finde. Derselbe befiehlt, daß jeder Speierer sich nach Ober-Elsaß, Burgund oder Lothringen begebe und daselbst häuslich niederlasse. Wer sich oder das Seinige über den Rhein zu retten versucht, stirbt am Galgen oder von einer Kugel durchbohrt".

Vor Schrecken erblassend vernahmen die Rathsherrn diese Botschaft. Sie baten, fleheten um Erbarmen. Vergebens! Das einzige Wort des Trostes, das sie erhielten, war die Versicherung, daß man die Stadt nicht niederbrennen werde.

Da eilte auch der Statthalter zu dem

Intendanten, um Gnade für Speier zu erbitten. Er bekam den kurzen Bescheid: alles Bitten sei vergeblich, wenn der König befehle! Nicht einmal eine längere Frist, um die Fahrnisse zu verbringen, wurde gegeben, sondern die Erwiederung: was man nicht in 6 Tagen aus der Stadt retten könne, möge man in den Dom flüchten, wo es geborgen sei!

Hieraus schöpfte Hartard Hoffnung für des Münsters Rettung und bat um die Erlaubniß, in der Dombechanei, wie bisher, wohnen zu dürfen. Dieß wurde ihm rundweg abgeschlagen mit dem Beifügen, es dürfe keine Seele in der Stadt verbleiben.

Der Statthalter und die Domherrn, welche sich nun nicht mehr verhehlten, daß es auf das Niederbrennen Speier's abgesehen sei, mit ihnen die Stadträthe, Jesuiten und Klostergeistlichen, eine Schaar Frauen mit ihren Säuglingen auf den Armen, eine Anzahl paarweise geordneter Bürgerstöchter, sowie die Nonnen von St. Clara und St. Magdalena kamen jetzt, thaten einen Fußfall vor den Franzosen und fleheten mit Seufzern und Thränen um die Erhaltung der Stadt. Umsonst! Man lachte den Jammernden in's Angesicht. Ihnen blieb nichts übrig, als zu retten, was noch zu retten war. Wer könnte die verzweiflungsvolle Rührigkeit schildern, mit welcher Jeder seine Habseligkeiten zu flüchten suchte? Der riesenhafte Dom wurde von unten bis oben mit Möbeln und Geräthschaften angefüllt. Allein dieß geschah in falscher Zuversicht, nachdem nämlich Monclar dem Statthalter am 28. Mai eröffnet: „Der König habe befohlen, die ganze Stadt mit allen Häusern, Kirchen und Klöstern niederzubrennen, aber den Dom zu schonen"; und nachdem Hartard, um diesen letzteren vor dem Überspringen des Feuers zu sichern, die nahen Dächer und Holzwerke der bischöflichen Pfalz, der Dombechanei und der weihbischöflichen Wohnung hatte abtragen und sich begnügen lassen, die bloßen Kostbarkeiten und Urkunden des Kapitels nach Philippsburg zu transportiren.

So erschien der dritte Pfingsttag, der 31. Mai, an welchem Nachmittags 4 Uhr die mit Pechkränzen beladenen Mordbrenner aus ihrem auf dem St. Germansberge genommenen Lager aufbrachen, um ein verruchtes Höllenwerk, die Verbrennung der altehrwürdigen Veste zu vollbringen. Von dem „Weidenberg" und aus dem „Hasenpfuhl", wo das Feuer zuerst ausbrach, wälzte sich dasselbe unter furchtbarem Rauch und Qualm von Norden nach Süden über die unglückliche Stadt. Ein schweres Gewitter mit heulendem Sturme, welches sich in der zweiten Nacht des Brandes über den lo-

dernden Gebäuden hinzog, vermehrte das Grau=
senhafte der Brunst und peitschte die Flammen
durch alle Straßen.

In dieser grauenvollen Nacht hatte Hartard
die Sorgfalt für die Erhaltung des Münsters
nicht versäumt. Dreimal löschte er mit seinen
Leuten den beginnenden Brand in der Glocken=
kuppel.

Indeß hatten die Verwüster Brandwürste in
das Gebälke des Kreuzganges geworfen. Die
Glut ergriff die umherliegenden Dächer. Zum
vierten Male fing die westliche Hauptkuppel
des Domes Feuer. Man eilte abermals zum
Löschen. Die lebensgefährliche Mühe blieb ohne
Erfolg. Die zischende Flamme fraß unaufhalt=
sam umher. In Kurzem war das gewaltige
Dachwerk ein Feuermeer. Das Lodern drang
in das Innere des Domes. Unter schrecklichem
Qualm verdarb und verzehrte dort das ent=
fesselte Element die mühselig aufgeschichteten
Habseligkeiten der geflüchteten Bürger.

Das Einzige, was der Statthalter unter
Beihülfe eines Stuhlbruders noch dem Feuer
zu entreißen gedachte, war das Gnadenbild
der Mutter des Herrn; allein das in die Chöre
herabfließende Blei und undurchsichtiger Rauch
verscheuchten ihn. Erst jetzt, wo alle Hoffnung,
das Heiligthum zu retten, verschwunden, schwang
er sich auf sein Pferd und ritt, während die

Glockenstühle sanken und die Glocken prasselnd herabstürzten, durch die dampfenden Straßen gegen das Altpörtel, um in der dortigen Vorstadt Obdach zu suchen. Am folgenden Morgen, 2. Juni, stand er in aller Frühe schon vor dem General Monclar, um an die Thore des Domes eine Schutzwache zu erbitten, damit das dahin Geflüchtete und Unversehrtgebliebene nicht geraubt würde. Erst, als er Zusage erhalten, zog er mit einigen Domkapitularen voll Trauer gen Kirrweiler, wohin auch bald nachher das erwähnte und wundervoll erhaltene Gnadenbild gebracht ward.

Nun lag der altehrwürdige Kaiserdom in Schutt und Trümmer. Bloß die vier steinernen Thürme, die gewaltigen Mauern des Langhauses und die beiden ausgebrannten Kuppeln zeugten noch von der Größe des verwüsteten Gotteshauses. Die Gewölbe des Mittelschiffes waren eingestürzt, die über den Kirchengräbern voll Risse. Nur das St. Stephanschor und die Sakristei blieben von dem Feuer verschont. Dagegen waren alle Altäre und Stühle und fast alles in den Dom Geflüchtete verkohlt, verbrannt, veräschert.

Kaum war die Glut in den veröbeten Hallen verglommen, so durchstöberte dieses allerlei Gesindel, um, was noch brauchbar war, zu verschleppen. Alle Gebilde der Kunst, namentlich die herrliche Kanzel, der meisterhafte Ölberg, die vielen Grabmäler und sonstigen Zierden zerschlug es, um das daran verwendete Eisen= und Metallwerk zu rauben; und riß in seiner Habgier selbst einige Gräber auf, um die noch vorhandenen Gebeine deutscher Herrscher zu entehren und in ihrer Asche zu wühlen. So profanirte es das Grab Albrecht's von Österreich. Von den Grüften verscheuchte die Wühler, welche Gold und Edelgestein zu erbeuten vermeinten, nur ihre Enttäuschung.

Ganz Speier, ehedem so blühend, war nun ein Gräuel der Verwüstung. Außer dem Dome lagen drei Stifte, fünf Klöster, acht Pfarrkirchen, dreizehn Kapellen, viele geistliche Höfe, vierzehn Zunftstuben, neun und zwanzig städtische Gebäulichkeiten und siebenhundert acht und achtzig kleine und große Bürgerwohnungen in Schutt und Asche.

„Diese Verwüstung genügte den derzeitigen Vandalen nicht. Speier sollte nicht allein niedergebrannt und ausgeraubt, es sollte dem Boden gleichgemacht werden. Deßhalb wurden die Brunnen verschüttet, an den ausgebrannten Kirchen, Kapellen und Häusern die halbverwitterten Mauern vollends gesprengt, die Bachstaben und Kellergewölbe eingeschlagen, die Pflastersteine aufgerissen, ja der noch stehende Domrumpf zu gewaltsamer Zerstäu=

bung verurtheilt. Schon bohrte man, um die drei Chöre mit den östlichen Thürmen und der Hauptkuppel in die Luft zu jagen, Minen in der Krypta, als es dem immer nahen und besorgten Statthalter endlich gelang, von dem Marschall Duras Schonung zu erflehen.

Sowohl die entflohene Geistlichkeit als der verscheuchte Stadtrath schilderte beim Kaiser und in der Reichsversammlung zu Regensburg die grauenvolle Zerstörung Speier's und bat um Hülf' und Erbarmen. Ungeachtet die Flucht über den Rhein bei Lebensstrafe untersagt war, so hatten sich doch über 200 Bürger, darunter die zwei Bürgermeister, mehrere Rathsherren, der alte Weihbischof Burkard und viele Welt= und Klostergeistliche, nach Heidelberg geflüchtet. Schon am 25. Juni 1689 übersendeten sie über den unerhörten Gräuel ein umständliches, ergreifendes Schreiben. Speier entzifferte einen Verlust von 3,334,004 Gl. Auch der Statthalter erstattete als Augen= zeuge genauen Bericht über die eibbrüchige Verwüstung des Domes und der Stiftshöfe und berechnete den besfalsigen Schaden auf 2,445,600 Gl.

Der Kaiser nahm die zertrümmert liegende Stadt in seinen besondern Schutz, der jedoch die Franzosen von dort nicht vertreiben konnte. Alle Reichsauflagen wurden zwar den Speie=

rern erlassen, aber nicht die gewünschte Hülfe gewährt. Nur freiwillige Gaben durften für sie gesammelt werden.

Der Statthalter, welcher noch zu Kirrweiler verweilte, begab sich bald nach Heidelberg, um dort mit einigen Räthen die Regierung des unglücklichen Hochstiftes zu führen. Wie bedrängnißvoll war diese Regierung! Man hatte nur über Lieferungen, Frohnfuhren, Ueberfälle, Verwüstungen, Raub, Mord, Hunger und Seuche zu berichten und zu schlichten[1]".

Auf die Verheerungen des Krieges brachte der Spätsommer 1891 große Sterblichkeit. Der Kurfürst gab zwar Befehl, den Kranken durch Unterstützung, Arzneien und Pflege Linderung zu verschaffen; allein fast allenthalben lagen auch die Beamten darnieder, so daß der Statthalter kaum die nöthigen Aufschlüsse erhalten konnte. Gemäß dessen Eröffnung in der Sitzung vom 13. Sept. lagen im Amte „Rothenberg" so viel Kranke, daß man nicht erfuhr, wem man die Arzneimittel überschicken solle. Von Bruchsal, Kirrweiler und Deidesheim liefen keine Berichte ein, weil dort Niemand deren schreiben konnte. Die Pfarrer waren überall entweder der Seuche erlegen, oder sterbenskrank, oder erschöpft, oder abwesend.

---

1 Remling, a. a. O. S. 570 - 579.

Nachdem Heidelberg am 22. Mai 1693 verrätherischer Weise von dem Kommandanten v. Heidersdorf den Franzosen überlassen, von diesen geplündert und geschändet, und dabei auch Hartard's Habschaft geraubt worden, wurde die fürstbischöfliche Regierung des Hochstifts von da nach Frankfurt verlegt. Hier wurden jetzt die Geschicke, das Recht und Wohl des heimgesuchten Landes bis zum 17. März 1698 berathen und geleitet; hier auch hielt jetzt sein. Domkapitel seine Sitzungen.

Als endlich am 30. Oktober 1697 zu Ryswick der Friede zu Stande gekommen, dachte man ernstlich an Rückkehr in die Heimat. Da das verwüstete Speier kein Obdach barbot, nahm die Regierung ihren Sitz in der Marienburg zu Kirrweiler, wo am 19. Juni 1698 ihre ersten Berathungen verzeichnet wurden. Erst vom 20. April 1702 ab hielt sie ihre Sitzungen wieder zu Speier.

Zu Anfange des Jahres 1699 reiste der Statthalter nach Paris zur Ermittelung günstiger Vollziehung des Ryswick'schen Friedens. Er verweilte daselbst mehrere Monate, erwirkte aber nichts Sonderliches. Die hochstiftischen Dörfer und Bewohner oberhalb der Queich, vorgeblich noch zum Elsasse gehörend, blieben unter Frankreichs Zepter.

Als 1701 Philipp von Anjou sich der spa=

nischen Krone bemächtigte, entspann sich ein neuer Krieg gegen Frankreich, den ihm der Kaiser Leopold am 15. Mai des folgenden Jahres erklärte. Dieser Erklärung trat das deutsche Reich bei am 6. Oktob. Unsäglich wurden die Bedrängnisse, Bedrückungen und Beraubungen, welche der lange Kampf über die Bewohner des Hochstiftes brachte.

Über diesem Kampfe verstrichen die zehn letzten Regierungsjahre Johann Hugo's. So mächtig dieser als Kurfürst von Trier auch war, so konnte er doch in so bedrängnißvoller Zeit nur Weniges für das Bisthum Speier thun. Um so mehr fiel dem treuen und thätigen Hartard die schwierige Aufgabe anheim, das Nöthigste zu ordnen. Zu diesem gehörten auch die verschiedenen Bauführungen, bei welchen man sich auf das Unentbehrliche beschränken mußte. Es wurden in die Nähe und in die Ferne Aufrufe um milde Beisteuer erlassen. Allein die Gaben flossen nur spärlich, da die schrecklichen Kriegsjahre allenthalben Armuth und Noth verbreitet hatten. Der verantwortliche Verwüster des Domes, Ludwig XIV., hatte zwar dem Statthalter während dessen Weilens an seinem Hofe eine Beisteuer von 100,000 Livres versprochen; ließ aber erst später und nach langen Verhandlungen dem Domkapitel von dieser Summe 25,000 Fr. zugehen. Gleichwohl gelang es, die drei Chöre der Kathedrale wieder herzustellen und darin mit Einschluß des Königschors den Gottesdienst wieder zu eröffnen. Die Plenarsitzungen des Domkapitels wurden in dem St. Stephanschore abgehalten. Nicht nur ward die alte Bischofspfalz wieder aus ihrem Schutte erhoben, sondern auch ein Pallast, das jetzige Lyceums-Gebäude, von dem Baumeister Joh. Clem. Froimont vollendet, und dann dem Bisthume überlassen.

Darüber unterließ der Statthalter nicht, mit dem Weihbischofe für eine bessere Bestellung der verarmten und ausgeplünderten Landkirchen, für Abhaltung eines erbaulichen Gottesdienstes, für Hebung der Schulen und des christlichen Unterrichtes geeignete Ermahnungen und Anordnungen zu veröffentlichen. Seinem Eifer und seiner Umsicht war es auch zuzuschreiben, daß über zweiundsechzig bisher zwischen dem Hochstift und der Kurpfalz streitig gebliebene Punkte ein gütlicher Vergleich 1709 abgeschlossen und dadurch langjähriger Haber beseitigt wurde.

Nachdem Joh. Hugo das Leben eines frommen Priesters, milden Oberhirten und gerechten Fürsten fortwährend geführt und für die Ordenshäuser seines Sprengels Vieles gethan hatte, sah er, wie vor zehn Jahren dem vermeinten, so auch jetzt dem wirklichen Herannahen seines Todes ohne Scheu entgegen. An sein Krankenbett nach Ehrenbreitstein geeilt, ward Hartard Zeuge seiner demuthvollsten Vorbereitung auf's Sterben. Der an einer Brustkrankheit leidende und schon mit den hl. Sakramenten versehene Oberhirte wünschte, daß für ihn in seiner Speierer Kathedrale eine besondere Andacht zum hochw. Gute, welche am 2. Januar 1711 auch wirklich stattfand, abgehalten würde. Vier Tage nach Abhaltung derselben war er eine Leiche.

Die Nachricht vom Ableben des Fürsten erhielt sein Testamentsvollstrecker Hartard schon in der Nacht vom 8. auf den 9. Januar. In der an letzterem Tage abgehaltenen Kapitelssitzung wurde derselbe neuerdings zum Statthalter im Hochstift erwählt. Zu derselben Würde, mit ihm an der Spitze, erhob das Stift auch die Kapitulare Hermann Lothar v. Auwach und Philipp Anton v. Eltz. Unmittelbar darnach wurden die hochstiftischen Beamten von Neuem in Pflicht genommen, die bisherigen Siegel beseitigt, und durch ein Rundschreiben allen Ämtern, Dekanaten, Pfarreien und Klöstern der Tod des Oberhirten verkündigt. Dann ließ Hartard die zu Ehrenbreitstein befindlichen Papiere des Hochstifts nach Speier bringen, jedem Kapitular fünfzig Reichsthaler aus den Domgefällen für ein Trauerkleid anweisen, und dem Verstorbenen gemäß Kapitelsbeschluß vom 22. Juni 1711 einen Denkstein setzen.

So vielfach und anhaltend war Hartard's Thätigkeit als Statthalter des Fürstbischofs und Kapitels. Von dieser Thätigkeit würde man gewiß eine noch gesteigerte Vorstellung erhalten, könnte man sich stückweise den Inhalt aller daraus hervorgegangenen Verordnungen und Maßnahmen vorlegen.

Durch diese Thätigkeit, aber eben so sehr durch stetes Kämpfen und Ringen, bereitete sich Hartard auf die höhere Bestimmung vor, die seiner harrte, und der er von nun an mit schnellen Schritten entgegenging.

§. 6. Hartard's Erwählung zum Fürstbischofe von Speier [1]).

Unter seinen drei letzten Fürstbischöfen, Philipp Christoph v. Soeteren nämlich, Lothar Friedrich aus dem Geschlechte der Metternich von Burscheid und Joh. Hugo von Orsbeck, war das Hochstift Speier über ein halbes Jahrhundert gewissermaßen nur ein Anhängsel der Kurstaaten Mainz und Trier. Anstatt jedoch durch diese Verbindung kräftigeren Schirm und besseres Aufkommen zu erlangen, hatte es während derselben gerade die Periode der größten Verwirrung, des tiefsten Unglücks und der

---

1) Frz. X. Remling, Gsch. d. Bisch. zu Speyer. II. Bd. 2. H. Mainz 1854. S. 597—98. — Raths=

schrecklichsten Verwüstung zu verseufzen. Gaben die genannten Prälaten zu dieser traurigen Lage auch nicht persönlich Veranlassung, so vermochten sie selbe doch auch keineswegs zu heben; und die Domkapitulare gewannen die Überzeugung, daß es für die Selbstständigkeit und das Wiederaufblühen des Sprengels am ersprießlichsten sein dürfte, an die Spitze desselben einen Mann zu stellen, der dessen Bedrängnisse kännte und somit dessen Noth auch besser abzuhelfen wüßte. In Folge dieser Ansicht und trotz des Kaisers Wunsches, den Prinzen von Lothringen auf dem Speierer Bischofsstuhle zu sehen, bestanden sie darauf, den Besteiger desselben aus ihrer Mitte zu wählen, und bestimmten den 26. Februar 1711, Fest der hl. Lucia, zum Wahltage.

Schon 8 Tage vorher fand sich Fhr. und Malteser v. Hillesheim ein, um der Wahl als kurpfälzischer Abgesandter beizuwohnen. Da derselbe weder seine Ankunft noch sein Quartier zu Speier notifizirte, so wurde er vom Stadtrath auch nicht bekomplimentirt.

Drei Tage vor der Wahl traf der kaiserliche Gesandte, Graf Hugo Frz. von Königsegg, Rottenfels und Staufen, Bischof zu Lentmeritz, Dombechant zu Köln und Domkapitular zu Straßburg, nachdem ihm Bürgermeister Süß, W. Schwenckart und Consulent von der Mühlen bis nach Rheinhausen entgegengeeilt waren, unter klingendem Spiele zu Speier ein, nahm sein Absteigequartier bei obgenanntem Bürgermeister, empfing den Besuch der Behörden, des Statthalters, verschiedener Domherrn, sowie die Darreichung der Stadtschlüssel, und ertheilte, nach Besetzung der Thore mit Mannschaft, dieser letzteren die Parole.

An den folgenden Tagen wurden verschiedene Personen mit Aufwartung bei dem Gesandten beehrt. Zu diesen zählten auch die Domkapitulare, welche die Bischofswahl vornehmen sollten. Diese waren: Dompropst Loth. Ad. Edm. v. Kesselstadt, Domdechant Joh. Heidenreich von und zu Gysenberg, Domscholaster Joh. Bern v. Droste in Senden, Domsänger Dam. Emmer. Hartard v. Metternich in Müllenark, Domküster Fr. Christ. v. Elz, und Kapitulare Herm. Loth. v. Auwach, Al. Joh. Frz. Ign. Waltpott v. Bassenheim in Gudenau, K. Wolfg. Heinrich von Rollingen, Joh. Casp. Bitztum v. Egersberg, Ph. Ant. v. Elz in Uttingen, Joh. Frz. Scheiffart v. Merode aus Allner, Joh. Ad. Spies v. Bullesheim, Loth. Fr. Moor v. Wald, Dam. Ehrenmund v. Waldenburg und Anf. Frz. Ernst v. Warsberg. Dem Verlaute nach eröffnete der Graf dem einen und anderen des Kaisers Wunsch in Bezug auf die Wahl, sah jedoch bald ein, daß sein deshalbiges Bemühen keinen Erfolg haben würde.

Da die Kapitelsstube noch nicht hergestellt war, hielt der kaiserliche Gesandte seine Ansprache an die versammelten Kapitulare in dem St. Stephanschore, wo auch die Wahl vorgenommen wurde. Diese geschah am obigen Tage um 10 Uhr « viâ mixtâ scrutinii et compromissi », und fiel auf den greisen Statthalter einstimmig und ohne daß ob dessen Alter von sieben uud siebenzig Jahren ein Bedenken obgewaltet hätte. Durch diese Wahl, welche Speier seinen 75. Bischof gab, glaubten die Wähler nur Gerechtigkeit zu erweisen der Gewandtheit, dem Eifer und den Verdiensten des Gewählten.

Nach der Wahl traten 6 Trabanten in blauem Anzug und mit Hellebarden vor das hohe Domchor. In diesem ließ sich alsdann, nachdem ihm dahin die Kapitulare unter Pauken- und Trompetenschall vorangeschritten waren, der zum Bischof Erwählte in gold- und seiddurchwirktem Mantel auf den am rechten Pfeiler errichteten und mit Sammt überzogenen Baldachinthron nieder. Hierauf nahmen die beiden Gesandten, der kaiserliche und der kurpfälzische, auf ihren Lehnsesseln im Chore Platz; der Erwählte ward vor den Hochaltar geleitet und seine Erwählung proklamirt. Ein ausgebrachtes und vielstimmig wiederholtes Vivat beschloß die Proklamation. Auf diese erdonnerten die Böller und es erfolgte eine halbstündige Vokal- und Instrumental-Musik, während welcher der Erwählte die Beglückwünschungen der Abgesandten und der Kapitulare, sowie der letzteren Handkuß entgegennahm.

Nach Beendigung dieser Ceremonie beschwor Hartard die mit der Wahl übernommenen Verpflichtungen, und sprach sie theilweis aus mit folgenden Worten [1]: „Wir wollen uns dem zu Münster und Osnabrück abgeschlossenen Frieden gemäß halten und weder dem Stifte noch dem Domkapitel etwas gegen deren Bestimmungen entziehen lassen; ohne Vorwissen derselben weder Ober- noch Unterbeamte annehmen; dahin wirken, daß die Domkapitulare, wie jene zu Worms, violette Talare, sammtene Barete, seidene Schlingen mit goldener Medaille tragen dürfen; keinen Coadjutor dulden, es sei denn, daß er vom Kapitel mit Stimmenmehrheit für nöthig erklärt und Pfründner zu Speier sei; den Neubau des Domes möglichst fortsetzen und fördern; die dem Stifte wegen Schleifung der Philippsburger Festungswerke zugewiesenen Strafgelder eintreiben; ꝛc."

Darauf machte Hartard die Einladungen zum bestellten Ehrenmal und empfing zur Gra-

---

[1] Orig. in Karlsruhe mit einfachem Rollinger Siegel an einer weiß-blau-schwarzen Seidenquordel.

tulations-Audienz die Abgeordneten des Stadt-raths: Bürgermeister Bleyel, K. M. Schwenckart, K. M. Schreyer und Konsulent v. d. Mühlen, welche ihm mit ihren Glückwünschen auch 18 zinnerne Flaschen mit weißem und rothem Wein überbrachten.

Die Tafel, woran gespeiset wurde, war ovalförmig. Obenan saß der kaiserl. Abgesandter, ihm zur Linken der kurpfälzische und zur Rechten der Fürstbischof. Mehr abwärts saßen auf beiden Seiten die Domherrn und zuletzt einige Kavaliere und der bischöfl. Rath Heinrici. Die Schüssel und Teller, deren man sich bediente, waren von Silber. Wurde ein Toast ausgebracht, so knallten Geschütze und erbrausten Pauken und Trompeten. Alle männlichen Personen hatten freien Zutritt in's Gemach. Gegen Ende der Mahlzeit führten einige Knaben einen »actus oratorius« auf, welcher vom Fürstbischofe beifällig aufgenommen ward. Schließlich wurden auch die anwesenden Zuschauer mit einem Trunke beehrt. Um 8 Uhr verließen die hohen und sämmtliche Gäste den Speisesaal.

Am folgenden Tage nahm des Kaisers Gesandter die Abschiedsbesuche des Fürstbischofs, der Kapitels- und Stadtabgeordneten, sowie deren Anträge an des Reiches Oberhaupt entgegen, spendete einige Andenken, und schied unter Getrommel und Musik aus der Speierer Mitte.

War Hartard's Wahl nun auch Reichshalber anerkannt, so währte es doch noch einige Zeit, ehe deren kanonische Bestätigung erfolgte. Bei gänzlicher Verarmung des Hochstiftes sah der Neugewählte sich außer Stand, die von Rom geforderten Taxegelder zu bezahlen. Deshalb sprach er den hl. Stuhl um Nachsicht an und stellte an denselben zugleich die Bitte, ihn bei dem geringen Betrage seiner bischöflichen Einkünfte im fortwährenden Genusse seiner Pfründen zu Trier und Bruchsal zu belassen. Seinem Gesuche willfahrte wohlwollend Clemens XI. am 26. Sept. 1712, und ließ an demselben Tage auch die Bulle zur Bestätigung seiner Wahl ausfertigen. Da auch in demselben Jahre erst das Archiv und der bischöfliche Ornat von Frankfurt nach Speier zurückkamen, so hatte dieß zur Folge, daß des Erwählten oberpriesterliche Weihe sich noch bis zum 9. Sept. 1714, 18. Sonntage nach Pfingsten, verzögerte. Dieselbe nahm zu Bruchsal vor der Mainzer Weihbischof Edmund von Jungenfeld, Episcop. Malens., unter Beihilfe des Würzburger Weihbischofes Joh. Bernh., Episcop. Chrysopolit. und des Speierer Weihbischofes Petr. Cornel., Episcop. Methonens.

Noch länger, als die päpstliche Wahlbestä=
tigung, ließ an vielen Orten die Huldigung
auf sich warten. Sowohl im dieß= als jensei=
tigen Antheile des Hochstiftes wurde sie we=
gen der unaufhörlichen Kriegsläufte verscho=
ben. Am 7. Juni 1711 ward dem neuen Für=
sten in den Ämtern unterhalb der Queich, und
am 3. Sept. zu Rauenberg gehuldigt. Am 22.
Okt. 1714 wurde die Huldigung in Bruchsal
vorgenommen und dazu der Dombechant und
Domkapitular von Eltz beordert. Am 15. Juni
1716 wurde zu Lußheim dem Bischofe gehul=
digt und gerathen, auch in den Dörfern ober=
halb der Queich, wegen der Ansprüche Frank=
reichs auf die dortige Oberhoheit, die Huldigung
geschehen zu lassen. Nahm dieser aber hier die
Huldigung an, so wich er derselben in seiner
Residenzstadt geflissentlich aus. In dieser war
sie einer Beschwörung der städtischen Frei=
briefe und einem feierlichen Einritte des Bi=
schofs untergeordnet. Das Schauspiel dieses
Einrittes war seit vierthalbhundert Jahren
gebräuchlich, aber nach Ph. Chr. v. Soetern
von keinem Prälaten mehr wiederholt worden;
weswegen auch Hartard dasselbe als veraltert,
beiderseits lästig und außerdem vom Kaiser

---

1) J. Geissel, der Kaiserdom 2c. II. Bd. S. 285
u. 304.

für überflüssig erklärt¹) verweigerte. Diese Verweigerung war kein widerrechtlicher, jedoch unsers Erachtens ein unkluger Akt, dessen unselige Folgen der Fürst nicht vorsah. Dieselbe veranlaßte sein Zerwürfniß mit Speier, ein Zerwürfniß, welches mit seiner Erwählung begann, zu blutiger Verfolgung erwuchs, ihm viele Schwierigkeiten in der Verwaltung des Hochstiftes brachte, und erst mit seinem Leben ein Ende nahm.

§ 7. Hartard's Zerwürfniß mit der Stadt Speier¹).

Nachdem Hartard sich nach seiner Wahl noch vierzehn Tage in Speier aufgehalten hatte, ließ ihm der Rath durch Notar Nornbörfer bedeuten, er möge bis zu seinem feierlichen Eintritte die Stadt verlassen, und legte dann, unter'm 4. März, gegen dessen längeres Verweilen in derselben feierliche Verwahrung ein. Dieselbe Protestation wiederholten noch am folgenden Tage auch die Bürgermeister Bleyel und Süß, als sie von des Bischofs Tafel, an welche sie gezogen worden, weggingen.

Je mehr und länger die Bürgerschaft durch vandalische Verwüstung ihrer Stadt und fortwährenden Krieg von ihrem alten Wohlstand und ihrer ehemaligen Macht herabgesunken war, desto eifersüchtiger, scheint es, war sie auf ihre Hoheitsrechte und alten Freiheiten geworden. Da ihr der Einritt der Bischöfe als die einzige Gelegenheit vorkam, bei welcher sie deren wirkliche oder vermeintliche Übergriffe zügeln oder ordnen könne, so schien ihr diesmal der Aufschub dieser Feierlichkeit um so bedenklicher, als bereits zur Abhaltung derselben die zwei letzten Fürstbischöfe, Lothar und Joh. Hugo, nicht mehr hatten gebracht werden können. Als daher auch von dem Neugewählten unterstellt wurde, er werde sich nicht sonderlich um den kostspieligen Einritt kümmern, so war sie voll Besorgniß, derselbe möchte seinen bleibenden Sitz in der Stadt nehmen, ohne deren Freiheiten zu verbürgen. Sie faßte daher einen sonderbaren Entschluß. Lieber wollte sie auf den mit der hohen Residenz verbundenen bedeutenden Vortheil verzichten, als den Bischof in ihrer Stadt haben. Sie fürchtete für deren Reichsunmittelbarkeit; und ihre Furcht war desto größer, als sie wußte, daß Hartard sich in der Webergasse ein eignes (das jetzige Heppenheimer'sche) Haus, und sein unmittelbarer Vorfahr eine Fürstenwohnung zu erbauen begonnen hatte.

Allein der Oberhirt störte sich wenig an den

eingelegten Protest. Als man ihm denselben mündlich mittheilte, wies er ihn kaltblütig aber entschieden ab; und als man ihm solchen am 9. April auch schriftlich überreichte, erwiederte er: »Tempora mutantur & nos mutamur in illis[1]!« Hierauf gab der Rath den Thorwachen die Weisung, jede Ausfahrt des Bischofs aus der Stadt sogleich anzuzeigen, auf daß ihm die Rückfahrt in dieselbe durch den Schlagbaum verwehrt werde. Aber Hartard verließ die Stadt nicht. Aus den Protokollen der Regierung ist ersichtlich, daß er jeder ihrer Sitzungen vom 2. März bis zum 16. April anwohnte und noch am 25. Juni 1711 in Speier weilte.

Später zog Hartard nach Bruchsal „zur nöthigen Obsorge seiner armen und bedrängten Unterthanen des Brurheins", wohl mit der Hoffnung, sich den Rückweg nach Speier zur gehörigen Zeit wieder zu öffnen. Nach zehn Wochen wollte er dahin über Rheinhausen zurückkommen. Der Stadtrath, welcher es vernahm, ließ die Trommeln rühren, die Bürger in die Waffen rufen und die Thore besetzen, um mit Gewalt den Bischof abzuwehren. Dieser, ungerüstet, Gewalt mit Gewalt zu ver-

---

[1] „Zeiten veränderen sich, und mit ihnen verändern auch wir uns!"

drängen und fürchtend, „zu unliebigen Entschließungen angehalten zu werden", lenkte, als er die Speierer Reiter gewahrte, um und zog, voll Unwillens über diesen Unglimpf, nach Bruchsal zurück. Bald nachher bot sich ihm eine willkommene Gelegenheit dar, eine besondere Kriegerschaar um sich zu sammeln. Viele Zigeuner und anderes Raubgesindel trieben sich im Bisthum umher und machten Wälder und Straßen unsicher. Um die Unholden zu verjagen, warb der Bischof Knechte zu Roß und zu Fuß und bewaffnete seine Landmiliz.

Mit Besorgniß vernahmen die Speierer diese Werbung und warnten unter'm 25. Nov. 1712 den Werber vor Gewaltthat [1]). Dieser ließ mit ihnen am 6. Dez. d. J. durch den Vicekanzler Streit, den Hofrath Guckert und den Geheimschreiber Kalt gütlich unterhandeln, und verpfändete sein Fürstenwort, daß sein Hofhalten zu Speier dieser Stadt keine Gefahr bringen und er dahin, weil Bruchsal keine Sicherheit vor den Franzosen darbiete, ohne Gepräng und Geleit kommen werde. Der Stadtrath begehrte eine Verbriefung der fürstlichen Aussage sowie gütliche Beilegung aller Irrungen, und gestattete dann den verlangten einfachen Einzug.

Dieser Gestattung zufolge kam Hartard mehr-

---

1) Memor. d. Bürgerm. u. Abj. Nro. 4.

mals ungehindert in die Stadt. Die Speierer, meinend, Alles sei jetzt in Güte beigelegt, wurden nachdenklich, als sie den Bischof seine Werbthätigkeit noch fortsetzen sahen. Sie wendeten sich daher unter'm 19. Jan. 1713 an den Kaiser, damit dieser dem Oberhirten das Fortwerben untersagen und ihn zur Ruhe ermahnen möchte. Hartard blieb unerschüttert. Und da überdieß sowohl das Domkapitel als auch die übrigen Stifter mit der Stadt in vielfachem Haber lagen, so neckten sich nun beide Theile und quälten einander um so empfindlicher, als sie sich dieß um alter Rechte wegen zur strengen Pflicht rechneten.

Den Anfang der Reibungen[1]) veranlaßten die katholische Erziehung mehrer Kinder aus gemischten Ehen und verschiedene durch die Jesuiten erzielte Bekehrungen Speierer Protestanten, Knaben und Mädchen, welche mit Klagen vor das Reichskammergericht in Wetzlar gebracht wurden. Die Thätlichkeiten begannen unter wechselseitigem Vorwurfe von Unduldsamkeit und Übergriff. Dann kam es zu Störungen auf den Straßen und in den Häusern, zu Beschimpfungen und Fensterbeschädigungen, zu Verhaftungen und Einthürmungen, aus welchen weniger Gerechtigkeit, als Gehässigkeit hervorleuchtete. Die Dominikaner wurden bald in den Kampf mit einverwickelt. Sie hatten das an dem ihre Klosterkirche umgebenden Leichenhofe gelegene Thor, welches im bekannten Normaljahre 1624 rundbogig war, viereckig und kleiner wieder herstellen lassen. Diese Wiederherstellung wurde von Seiten der Stadt als ein Friedensbruch angesehen und als Vorwand zu schmählichen Auftritten benutzt. Die Stiftsherren auf dem Weidenberge wurden ebenfalls in die Wirren hineingezogen. Sie wollten über ein steinernes Kreuz vor ihrer Kirche, von welchem die Sage Wunder erzählte, ein größeres Wetterdach, als das frühere, anfertigen lassen. Als der Stadtrath es gewahrte, schrie er, man wolle dem westphälischen Frieden zuwider eine Wallfahrtskapelle errichten; und es entspann sich ein Handel, welcher über fünf Jahre mit aller Leidenschaftlichkeit sowohl bei der begutachtenden Universität Tübingen, als bei dem Reichshofrathe geführt wurde. Auch andere Geistliche der Stadt und die Amtleute des Bischofes geriethen mit in den Haber. Ihnen machten die Speierer den Vorwurf, daß sie die schönsten Hausplätze für sich aussuchten, Bilder an ihren Häusern anbrachten und da Kerzen anzündeten, wo es vor dem Normaljahr nicht geschehen. Ein neues Rechtsgutachten von Tübingen hatte erklärt, der Stadt-rath könne ohne Religionsfriedensbruch diese Bilder mit Gewalt beseitigen.

Andere Vorkommnisse schürten noch mehr die Flamme der Zwietracht. Unter anderen war es die altherkömmliche Prozession auf Christi Himmelfahrt, welche schon öfter zu un-würdigen Neckereien Veranlassung gegeben hatte. Von Alters her zogen des Bischofs Rei-ter den Brurheiner Wallfahrern bis zum „weißen Bildstocke", etwa fünfhundert Schritte vor dem Marxthore, zur Seite. Schon lange aber herrschte wegen des Geleitsrechtes zwischen dem Bischof und der Stadt Zwiespalt, welcher nicht selten zu Prügeleien, Verwundungen und Todtschlag führte. Der Bischof beanspruchte für sich das fragliche Recht auf der ganzen Weide; die Stadt räumte ihm dasselbe ein nur auf der Landstraße bis zum erwähnten Bildstocke, nicht aber auf den Nebenwegen.

Im Jahre 1714 wallten wieder an dem genannten Feste Tausende von Brurheinern zu ihrer Mutterkirche gen Speier. Nach geende-tem Gottesdienste zogen sie, von den Speie-rern geleitet, friedlich zurück bis zum ge-nannten Bildstocke. Hier von des Bischofs Geleitsreitern empfangen, ging der Zug weiter, bis zum nächsten links über die Weide füh-renden Seitenwege. Auf diesem Wege befahl einer der Geleitsreiter den Wallern, über die Weide einzulenken. Sie thaten's. Kaum waren sie aber von der Hauptstraße abgetreten, da sprengten zwei Stadtreiter über die Haide herbei in die Mitte des nur mit Rosenkränzen und Fahnen bewaffneten Haufens. Einer zuckte die Pistole, schalt laut auf und riß dem Schulmeister von Philippsburg den Mantel von der Schulter und den Hut vom Kopfe. Die Weiber und Kinder erhoben ein schreckliches Geschrei. Die bischöflichen Amtleute, welche schon vorausgeritten, hörten den Lärm, kehrten zurück und befahlen, die Speierer Friedensstörer zu ergreifen. Diese wurden von ihren Pferden gerissen. Von allen Seiten her schlug man auf sie ein und brachte sie, von 50 Karabinern bewacht, nach Philippsburg, wo sie bei schmaler und zu bezahlender Kost mehrere Monate in enger Haft schmachteten.

Kaum war das Gerücht von diesem Vorfall in die Stadt gedrungen, so wurden die Bürger eilends zu den Waffen gerufen und in den Straßen und Schenken Jagd auf die hochstiftischen Unterthanen gemacht. Man ertappte den Stadtschreiber Engelhard von Philippsburg; riß einen Bürger von Östringen, Namens Hoffmann, mit Gewalt aus eines Dompräbendars Wohnung, in die er sich geflüchtet hatte; schleppte beide unter Kolbenstößen auf die

Hauptwache; und ließ sie einthürmen als Ersatzmänner für die gefangenen Speierer. Nach diesem Faustkampfe begann ein leidenschaftlicher Federkrieg, welcher sowohl bei dem Reichshofrathe, als bei dem Kammergerichte geführt ward, bis endlich jederseits die Gefangenen mit großer Zeche auf freien Fuß gestellt wurden.

Hiemit endigte zwar der erste Handgriff, aber keineswegs die wechselseitige Erbitterung. Der Stadtrath beschwerte sich fortan, daß der Bischof sich über die katholischen Bürger die Gerichtsbarkeit beilege; daß die Stiftsherrn in der Stadtgemarkung nach Belieben ankaufen; ihre Bedienstete Wein- und Fruchthandel treiben lassen und sohin vielseitig die beschworene „Rachtung"[1]) übertreten. Dazu gesellte sich ein langjähriger Waldstreit mit der Gemeinde Dudenhofen. Diese hatte in dem streitigen Forstbezirke vor der Wormser Warte Bauholz geschlagen, welches aber die Speierer mit bewaffneter Hand in ihre Stadt fahren ließen. Jetzt begehrten auch die Dudenhofener von ihrem Fürsten bewaffnete Mannschaft, um Gewalt mit Gewalt abzutreiben. Da gebot das Kammergericht zu Wetzlar beiden Theilen bis zum rechtlichen Austrage Ruhe. Diese trat scheinbar ein, schürte aber Groll und Haß.

---

[1]) Oder Erachtung. S. hierüber G. Rau, Christ. Lehmann u. s. Chronic. &. S. 8.

Der Bischof zog ab von Speier und kam zurück nach Speier, ohne daß die Irrungen beigelegt wurden. Der Rath sah dieß ungern, aber er duldete es. Ungehalten jedoch ward derselbe, als 1716 der fürstbischöfliche Amtsverweser zu Marientraut, Diether Friedr. Dinker, zweimal mit seinen Amtsuntergebenen in den Speierer Wald am „Lorenzberge" einfiel und das von den Speierern gefällte Klafterholz wegnahm. Noch ungehaltener wurde er, als er vernahm, daß derselbe Verweser eine bedeutende Menge Pulver und Blei in Mannheim habe ankaufen lassen. Zudem erhielten die Speierer Warnungen, auf ihrer Hut zu sein. Sie rüsteten sich daher nach Möglichkeit. Freitags am 20. März in der Nacht brach der Sturm los. Die Pfälzer, welche aus den umliegenden Dörfern zum Wochenmarkte nach Speier gekommen, erzählten, wie über tausend Bauern der Ämter Marientraut, Kirrweiler und Deidesheim, mit Stangen, Prügeln, Heugabeln und Flinten bewaffnet und von einigen hundert Wagen gefolgt, in den gedachten Wald eingefallen seien und die „Speierer Landwehre" besetzt hielten. Alsbald wurden die Trommeln gerührt, die Gewehre ergriffen, die Thore geschlossen und die Wälle erstiegen. Gegen 8 Uhr sendete der Stadtrath einen Notar mit zwei Zeugen zum Bischofe, um amtlich zu verneh=

men, ob noch Friede oder Krieg herrsche. Dieser ließ, ohne jedoch den Notar vorzulassen, dem Rathe eröffnen: er wisse von keinem „Aufstande der Bauern"; wenn die Dubenhofener mit Hilfe ihrer Nachbarn sich in dem Rechte ihres Waldes festhielten, so gehe das ihn wenig an. Darauf erschien im Rathssaale Duscherer, bischöfl. Vogt zu Kißlau, um zu erfahren, woher die Gefahr drohe; und sogleich ging des Bischofs Geheimschreiber Durbach, im Einvernehmen mit der Stadt, hinaus zu den Bauern, um ihr Vorhaben zu erkunden. Diese erklärten sich versammelt zu haben, um den Dubenhofenern ihr Waldrecht zu wahren, und zeigten wenig Lust, den alten Span gerichtlich auszutragen.

Auf diese Erklärung verdoppelten die Speierer ihre Posten und entsendeten Wachthaufen durch die Straßen. So kam auch ein Rottemeister mit 6 Mann in die kleine „Pfaffengasse" vor die Fürstenwohnung, trotzdem daß deren Ausfahrt schon mit Mannschaft besetzt war. Da stürzten des Bischofs Einspänniger, ein Küferknecht und anderes Gesinde, mit Flinten, Bratspießen und Hebeln bewehrt, auf die Straße, pflanzten sich quer in derselben auf und ließen die Wache nicht durch. Der Stadtrath, davon unterrichtet, befahl dem Stadthauptmanne sich den Durchzug zu erzwingen, jedoch erst dann von den Waffen Gebrauch zu machen, wenn zuvor die Bischöflichen dieß thäten. Unter Trommelschlag und mit klingendem Spiele kamen jetzt zwei Haufen Bürger von etwa 160 Mann von Osten und Westen in die Pfaffengasse. Die Bischöflichen hatten sich bereits zurückgezogen. Zu den Bürgern hatten sich auch viele Gaffer gesammelt. Die Frechsten schrieen laut auf: „Jetzt haben wir den Bettelbischof in der Stadt! Greift ihn! Führt ihn auf den Altpörtel! Vorwärts auf die Pfaffen! Stürmet ihre Häuser! 2c. 2c."

Der alte Hartard, welcher dieses Toben und Schelten in seinen Gemächern hörte, schickte seinen Geheimschreiber zu dem Rathe und ließ ihm erklären, daß er, ein Reichsfürst, in seinem eignen Hause vom Pöbel beschimpft werde und es verlaute, als wolle man in der kommenden Nacht ihn und die Geistlichkeit überfallen; daß er den Bauern um so weniger Rückzug gebieten könne; nur dann dies thun wolle, wenn die ärgsten Beschimpfer seiner Person, der Stadthauptmann Gebhard und der Bürgerhauptmann Geyer, ausgeliefert und ihm selbst hinlänglich Schutz und Sicherheit gewährt seien. Der Rath aber verweigerte Letzteres, das Eine und das Andere.

Die Nacht brach an, ohne daß weitere Schritte gethan wurden. Sie ging auch ohne Unfall vorüber. Nur draußen im Walde geschah Ärgeres, das Hausen der Bauern. Am Morgen kam mit dieser Kunde auch das Gerücht in die Stadt, daß sich der ganze Bruchrhein erhoben und die jenseitigen Bauern heranrücken. Der Rath schickte abermals zum Fürsten mit der Frage, ob er Krieg oder Frieden wolle? Der Vicekanzler gab zur Antwort: man habe gestern einen Domherrn, des Bischofes Neffen, auf offener Straße mißhandelt und an Bedienſteten der Geiſtlichen ſich vergriffen; ſollten die Speierer glauben, einen Fürſten des Reiches zu ehren, wenn ſie ihn wie einen Feind umlärmen und belagern, ſo werde man ſie auch ohne Beiziehung fremder Truppen eines Beſſern belehren.

Schon vor der Mittagsglocke wimmelte die Weide dieſſeit Rheinhauſen bis zum weißen Bildſtocke vor dem Marx- und dem Fiſcher-Thore von bewaffneten Brurheinern, welche Pulver und Kugeln nebſt Geſchütz und Mauerbrechern mit ſich führten. Nach dem Mittagsimbiß ließ Hartard die ſchon gemeldete Forderung wiederholt an den Stadtrath ſtellen, erhielt aber die Antwort, daß, wenn er ſich bei des Rathes Ehrenworte in Speier nicht ſicher glaube, er friedlich anderswohin in ſein Bisthum ziehen möge.

Es war Nachmittags 3 Uhr, als dieſe Antwort dem Bischofe von seinem Geheimschreiber überbracht ward. Da krachten unerwartet drei starke Lärmschüsse von der Kuppel des Münsters. Alle, welche sie hörten, schauten dorthin und siehe! eine rothe Blutfahne flatterte vom Thurme gegen Rheinhausen weit in die Luft hinaus, den rings um Speier gelagerten Bauern ein verabredetes Zeichen. In drei Haufen bewegten diese sich sobann vorwärts gegen die Thore der Stadt. Der eine, etwa 1000 Mann stark und befehligt von dem bischöfl. Oberforst- und Landjäger-Meister Ab. Chr. v. Helmstädt, rückte, 16 Scharfschützen und 20 Zimmerleute mit Äxten voran, vor das Fischerthor. Als des Thores Wache den Einmarsch versagte, hieben die Zimmerleute dasselbe ein und warfen die Wächter nieder. Zu gleicher Zeit nahete sich mit dem zweiten Haufen der Zollschreiber Lump von Philippsburg dem Marxthore, erzwang sich den Durchlaß und entwaffnete die wachthabenden Bürger, von denen einem der Kopf zerspalten, andere zerschlagen und verwundet wurden. Beide Haufen vereinten sich jetzt vor dem „weißen Thore", dasselbe zu erstürmen. Der Obmann der dortigen Wache meldete die Gefahr dem versammelten Rathe. Der Stadthauptmann kam mit 40 Bewaffneten, die Wache zu unterstützen. In der Heerdgasse sprengten ihm städtische Reiter von dem weißen Thore her entgegen. Da fielen Schüsse aus den Häusern bischöflicher Bediensteten. Einer der Reiter wurde getroffen, rief um Hilfe und stürzte — todt zu Boden. Auch Andere noch wurden schwer verwundet.

Kaum hatte der Bürgermeister mit dem Rathe vernommen, daß bereits Bürgerblut vergossen, so sendete er eine Botschaft an den Bischof und bat um Waffenstillstand und gütliche Austragung des Handels. Der erbitterte Fürst wollte die Boten nicht sehen, ließ ihnen aber durch seinen Vicekanzler erklären, die Zeit der Minne sei zwar vorüber, wolle man ihm aber ein Stadtthor frei einräumen, so werde er sehen, was in der Sache weiter zu thun sei. Die desfallsige Antwort kam aber zu spät. Neuer Kampf hatte sich am weißen Thore entsponnen: ein Bischöflicher fand den Tod, und einem anderen schlug die zerspringende Flinte den linken Arm ab.

Inzwischen war es dem Bruxheiner Hauptmann gelungen, sich des unbesetzten Thurmes am Fischerthor zu bemeistern, dessen Thüre zu erbrechen und durch diese freien Zugang in die Stadt zu gewinnen. Die von ihm Befehligten drängten sofort durch die große Pfaffengasse bis vor das weiße Thor, worauf sich die bewaffneten Speierer bestürzt auf die Hauptwache zurückzogen. Diesen jagten die Bauern in wildem Siegestaumel nach, erstürmten die Hauptwache, bemächtigten sich der Schlüssel aller Stadtthore, öffneten diese ihren Gesellen und besetzten alle Zugänge. Auch nahmen sie das Rathhaus in Beschlag, geboten den Bürgern dorthin ihre Waffen zu verbringen, erbrachen die Häuser der Bürgermeister, der Rathskonsulenten und des Stadthauptmanns, belegten sie mit Leuten, die nichts weniger als die Höflichen spielten, und verübten mancherlei rohe That, auch an den Frauen. Speier war in des Bischofs Gewalt.

Dieser ganze Kampf — der „Speierer Bauernkrieg" genannt — hat nicht über zwei Stunden gedauert. Die alte Reichsstadt, welche einst dem wohlgerüsteten Heere der Bischöfe Adolph von Nassau und Mathias von Rammung siegreich widerstanden, unterlag schmählich dem Sturme von 3000 Bauern.

Am Sonntag Lätare, 22. März, saßen die Bauern still in Speier. Die Bürger begruben, nicht ohne Anzüglichkeiten, die gefallenen Reiter. Nachmittags wurden zwei sechspfündige Kanonen vor der Hauptwache aufgeführt, aber noch an demselben Tage mit den Waffen der Speierer nach Bruchsal gebracht. Mittwochs, 25. März, erschienen Bevollmächtigte der Stadt und die Zunftmeister vor dem Bischofe, auf dessen Verlangen, im Fürstenhause. Dieser hielt ihnen die Unduldsamkeit und Hartnäckigkeit der Speierer vor und erklärte, er habe denselben nur zeigen wollen, daß er nöthigen Falls sich selbst helfen könne; er sei keineswegs gesonnen, deren Rechte und Freiheiten zu kränken; Speier sei eine Reichsstadt und solle eine solche bleiben; er wolle aber auch seine und seiner Geistlichkeit altherkömmliche Freibriefe wahren; und frage deshalb, ob die Stadt durch gütliche Einigung oder auf dem Wege Rechtens den Handel geschlichtet haben wolle? Die Bevollmächtigten, wissend, daß Bürgermeister Schreyer, um den gewaltsamen Überfall und die dabei verübten Frevel bei dem Kammergerichte zur Klage zu bringen, bereits nach Wetzlar abgereiset sei, erklärten: die Stadt werde ob dem Vorgefallenen mit dem Bischofe rechten vor Kaiser und Reich! Dann aber gaben sie „bei Hab und Gut und Leib und Blut" das Versprechen, daß weder ihm noch den Seinigen das Geringste solle zu Leibe geschehen, er möge seine Bauern hinausschaffen. Hartard entgegnete: das Wort des Rathes gewähre ihm keine Sicherheit, diese müsse er sich durch einen Theil der Bauern erhalten.

Drei Tage nachher, 28. März, wurde dem Bischofe von dem Kammergerichte zu Wetzlar der Befehl ausgefertigt, bei Strafe von 10 Marken Gold seine bewaffnete Mannschaft aus

Speier zu führen und Wach' und Thor zu räumen; dem Stadtrathe aber bei gleicher Strafe verboten, die Bischöflichen, aus welcherlei Ursache auch, anzugreifen und zu überwältigen.

Hartard kümmerte sich wenig um den erhaltenen Befehl, sondern wandte sich an den Kaiser, dessen Kaplan er sich zuvor genannt hatte[1]), und erklärte sich bereit, die Bewaffneten zu entlassen, wofern ihm hinlängliche Sicherheit dargeboten werde. Mittlerweile ließ er von Zeit zu Zeit die Haufen die einen durch die anderen ablösen. Die Ablösenden waren nicht besser als die Abgelöseten, und verübten, selbst in der Charwoche, allerlei Muthwillen und Unfug.

Da indeß das Gerücht von der gewaltsamen Überrumpelung Speier's durch alle deutschen Lande drang und in den öffentlichen Blättern eben so einseitig als leidenschaftlich besprochen wurde: so ließ Hartard am 16. April an der großen Münsterpforte, am Rathhofe und an den Stadtthoren einen Patentbrief anschlagen, worin er „den Inwohnern und Unterthanen seiner Stadt und Lande" erklärte, wie „seine Bauern mit frischem Herzen und aufgewalter Treue die Stadt erobert, weil die Speierer ihn

---

1) Schreiben v. 8. Juni 1815.

im Hochübermuthe in seinem Residenzhause eng belagert, seine Diener mit Rippenstößen verfolgt und an den Haaren geschleift, seinen Räthen den Zugang zu ihm versagt, und seine Domherren mit Scheltworten in ihre Häuser zurückgetrieben, somit das Fürstenrecht, die Freiheit des Münsterbodens und alle „Nachtungen" verletzt, ihn selbst mit vermessenen Reden gehöhnt, zu greifen und zu thurmen gedroht hätten. Nicht sein Stand als Reichsfürst, nicht seine Würde als Bischof und nicht sein Greisenalter hätten dieses rasende Handwerker- und Krämervolk zurückzuhalten vermocht, und sie hätten die groben und unverschämten Hände an seine Person gelegt, hätten nicht seine treuen Diener sich bewaffnet und einen Wall um ihren Herrn gezogen. Im Ganzen habe er nur seine und seiner Geistlichen Sicherheit gesucht, und trotz der ehr- und schamlosen Verleumdung des Raths, als wolle er die Stadt vom Reiche abreißen, gebe er sein hohes fürstliches Ehrenwort, daß alle und jede Rechte und Freiheiten der unmittelbaren Reichsstadt unangetastet verbleiben sollen, wie vordem. Er werde einen Theil seiner Bauern zur Sicherheit in Speier behalten, bis der Rath ihm für all' den Schimpf genug gethan. Aber er befehle all' seinen Unterthanen bei empfindlicher Strafe, keinen Speierer in Ausübung seiner Religion und Gewissensfreiheit weder mit Worten noch Werken zu hindern, sondern sie sammt und sonders in Kirchen und Schulen nach den Reichsfriedensschlüssen verfahren zu lassen" [1]).

Diese Erklärung, statt die Gemüther zu versöhnen, erbitterte sie noch mehr. Die Speierer, welche darin „Handwerker- und Krämervolk" genannt wurden, klagten auf's Neue beim Kaiser, wie es jetzt ganz zu Tage liege, daß der Bischof, welcher in dieser Urkunde Speier „seine Stadt" nenne, diese dem Reiche zu entfremden gedenke.

Schon unter'm 7. April beauftragte der Kaiser den Kurfürsten von der Pfalz und den Landgrafen von Hessen-Darmstadt, den blutigen Handel auf gemeinschaftliche Kosten der Betheiligten zu untersuchen; und schärfte am 18. Mai dem Bischofe ein, seinen Anschlag allenthalben als nichtig abzureißen und die Stadt von den Bauern zu räumen. Hartard aber wiederholte zu seiner Entschuldigung seine frühere Aussage: daß die Klagen der Speierer auf Lügen beruhen; daß er erst dann seine Bauern entlassen könne, wenn die eintreffenden kaiserlichen Machtboten ihm Sicherheit gewährten; und daß er zum Überfall der

---

[1] J. Geissel, a. a. O. S. 119.

Stadt durch deren grobes, friedbrüchiges Gebahren wie an den Haaren gezogen worden. Zugleich ließ er, um die Speierer noch mehr in Verlegenheit zu bringen, von ihnen auch die Zahlung von 100,000 Gulden sammt Zinsen fordern, in welche sie wegen gewaltsamer Schleifung der Wälle Philippsburg's verurtheilt waren.

Am Vorabende des Himmelfahrtsfestes, 20. Mai 1716, gab es neuen Lärm in Speier. Es ging das Gerede, ein nahender Heerhaufen werde die Stadt von den Bischöflichen befreien. Der Bürgermeister Schwankart, von des Bischofs Geheimschreiber Kalt darob befragt, wußte keinen Aufschluß zu geben. Als demnach in der Mitternachtsstunde mehrere Schüsse fielen, steigerte sich die Besorgniß. Eilends liefen fürstbischöfliche Boten nach Dudenhofen und Heiligenstein, um Sturm zu läuten und Hilfe zu erwirken. Über tausend Bauern rückten abermals gegen Speier, erkannten aber bei Tagesanbruch nirgends Gefahr. Die erschreckten Bürger erklärten: die Bischöflichen selbst hätten den Lärm erhoben, um desto länger in der Stadt lagern zu dürfen.

Bereits fünfzehn Wochen saßen die Bauern, zum Theile von ihren Weibern gehegt und gepflegt, in Speier, als des Kaisers Gewaltboten dahin kamen, den geschehenen Überfall zu untersuchen. Am 15. Juni war Hartard gesundheitshalber nach Bruchsal gegangen. Bischöflicher Kommandant in Speier war der Landjägermeister von Helmstädt. Freitags den 3. Juli begannen die kaiserlichen Bevollmächtigten im Karmeliterkloster ihr Verhör. Noch an demselben Tage ließen sie den Patentbrief des Bischofes von dem Rathhof und den Thoren abnehmen und übergaben die Haupt- und Thorwache wieder den Bürgern. Sonntags, 5. Juli, Abends gegen sechs Uhr zogen mit Trommeln und Pfeifen und nicht ohne alles Anspielen auf Wiederkehr die Leute des Bischofs ab und fanden zu Dudenhofen ihr Nachtquartier. Von ihnen waren nur 100 auserlesene Männer theils in seiner Pfalz und theils in anderen Häusern als Sicherheitswache zurück geblieben. Aber auch diese verließen am folgenden Morgen die Stadt.

Gleichwohl gab es bald wieder und schon während der langwierigen Untersuchung, welche die Vollmachtsträger abhielten, mehrfache Veranlassung zu Spannung und Haber. Als 1717 zu Speier der Gedenktag der Glaubensspaltung gefeiert wurde, veröffentlichte daselbst Prediger J. Ch. Hoffherber eine Schrift: „Kurzgefaßter historischer Auszug der hochgewünschten Kirchenreformation ꝛc.", welche von

Anzüglichkeiten wimmelte. Pfarrer Pollmann erhob dawider mehre Bedenken. Doch da sie bereits gedruckt, wurde auf seinen Antrag nur das Titelblatt geändert. Am 27. Dez. hielt der Domprediger, ein Jesuit, darüber eine scharfe Rüge. In der darauffolgenden Nacht wurde ein Exemplar, jedoch mit bissig veränderter Aufschrift, an das Halseisen am Schandsteine befestigt, was großes Lärmen verursachte.

Die Aufregung dauerte fort. Der Bischof, welcher seine Sicherheit für gefährdet hielt, brachte wieder fünfzig Bewaffnete auf die Beine und setzte es auch bei dem Reichshofrathe durch, daß er einige Einspännige und etwa zwanzig Mann, halbblau gekleidet, in seiner „Liberie" halten dürfte. Dieß wurmte den Speierern. Zwischen ihnen und des Bischofs Wache fielen mehre gehässige Auftritte vor; so auch zwischen denselben und den Bewohnern von Dudenhofen, Berghausen, Heiligenstein und Schifferstadt wegen Wald-, Feld- und Gränzstreitigkeiten. Auch ließ der Gemeinderath die katholischen Insassen unter allerlei Vorwand, wie schon 1715 geschehen, aus der Stadt bieten; die Nebenwege auf der Weide gegen Rheinhausen abgraben; diese Weide urbar machen, ohne davon dem Domin der Kapuzinerkirche verletzen; den altherkömmlichen Bittgang aus dem Dom in das St. Claren-Kloster stören; 2c. Somit entstanden immer neue Klagen und Untersuchungen. Diese hörten vollends erst auf, als der nahezu sechs und achtzigjährige Hartard in die Ruhe des Grabes hinabstieg[1]).

§. 8. Hartard's Wirksamkeit als Fürst und Bischof.

Trotz seines immerwährenden Kampfes mit der Stadt Speier und seiner kurzen Amtsführung gelang es Hartard, viel Erspießliches in's Werk zu setzen und somit das Lob zu verdienen, das ihm die Geschichte ertheilt. Hatte er als Fürst einen Fehler, so war es allzu große Nachsicht gegen Beamte und Untergebene, wodurch die ökonomische und finanzielle Lage des Hochstiftes, statt aus ihrem tiefen Verfalle zu erstehen, immer noch tiefer sank. Die dadurch entstandene Zerrüttung dauerte fort und wurde wegen der vielen Zeitbedrängnisse äußerst fühlbar.

Zum Regierungspräsidenten zu Speier erhob Hartard den dortigen und Wormser Domkapitular und Odenheimer Stiftsscholaster Hermann Lothar v. Auwach, nachdem dieser schon

---

1) Vergl. Kaiserdom. Th. III, 67—130.

eine Reihe von Jahren an der Landesverwaltung Theil genommen. Zum Vicekanzler ernannte er den bisherigen Hofrath Jos. Urb. Streit, Licentiat der beiden Rechte. Sein Neffe Joh. Ph. von Rollingen ward Oberstallmeister, Amtmann und Faut zu Bruchsal und wohnte als solcher oft den Regierungssitzungen bei. Die anderen Mitglieder der Regierung waren: Landschreiber Pet. Driesch, Hofräthe Ign. Heinrici, Hch. Lihr, Guckert und Herm. Gabriel, und Sekretar Schwartz.

Hartard's Regierung war eine Zeit des zähesten Kampfes wegen bürgerlicher, kirchlicher und fürstlicher Rechte, den er, angeeifert von seiner Umgebung, mit Muth und Beharrlichkeit führte. Der Anfang derselben, besonders während 1713 und 1714, brachte viel Unruh' und Verlegenheit. Am 11. April 1713 hatte Frankreich mit England, Preußen, Portugal, Savoyen und Holland Frieden abgeschlossen zu Utrecht. Von seinem dortigen Geschäftsträger Kaisersfeld hatte Hartard schon am 30. März die unfreundliche Nachricht erhalten, daß Landau mit allen Dörfern oberhalb der Queich bei Frankreich verbleiben sollte. Der Kaiser und das Reich wollten aber von diesem Frieden nichts wissen und setzten, um sich noch schlimmere Folgen, namentlich den verderblichen Krieg fort. Am 24. Mai kam Prinz Eugen die Festung Philippsburg und deren Umgebung in Augenschein nehmen. Marschall Villars vereinigte jetzt alle seine Streitkräfte und rückte mit denselben diesseit des Rheines herab. Die Deutschen wichen. Landau, vom Prinzen Alex. v. Wirtemberg tapfer vertheidigt, ward von den Franzosen eng eingeschlossen. Villars nahm am 16. Mai sein Hauptquartier in Speier, wo seine Leute sehr arg hausten. Auch die Schlösser, Flecken und Dörfer des Hochstiftes belegte er mit Franzosen, von welchen die Insassen nicht allein Raub und Plünderung, sondern auch vielerlei Plage mit Lieferungen, Frohnden und Schanzarbeiten zu erleiden hatten. Die diesseitige Rheinschanze bei Mannheim wurde, nachdem gegen sie auf den 27. Juni ein Hauptangriff bereitet worden, in der vorhergehenden Nacht von den Deutschen verlassen, Kaiserslautern und Wolfstein nach kurzer Belagerung weggenommen und dann Landau mit voller Macht bestürmt.

Von allen Mitteln einer längern Vertheidigung entblößt, mußte Prinz Alexander diese Festung am 20. Aug. 1713 unter harten Bedingungen übergeben. Sie blieb jetzt ein ganzes Jahrhundert in der Gewalt der Franzosen. Villars zog alsbald mit seinen Truppen bei Straßburg über den Rhein, um Freiburg zu erobern und jenseits die Deutschen zu drängen. Allein auch hiedurch hörten diesseits die Frohnden, Arbeiten und Lieferungen für die Franzosen nicht auf. Ja, selbst nachdem am 6. März 1714 der Friede von dem Prinzen Eugen und dem Marschall von Villars zu Rastatt abgeschlossen worden, dauerten die Kriegswehen noch immer fort, bis endlich derselbe am 7. Sept. des genannten Jahres auch zu Baden für Frankreich und das deutsche Reich unterzeichnet ward [1]).

Des Krieges, der Kriegsfolgen und der Wirren mit der Stadt Speier ungeachtet traf der Fürst für das zeitliche Wohl des Hochstiftes bestmögliche Fürsehung. Um dessen Einkommen zu mehren, ließ er an verschiedenen Punkten: zu Hauenstein, Illingen 2c. Zollstöcke errichten. Zur Beseitigung oder Verhütung verschiedener Übelstände erließ er zweckdienliche Verordnungen. Unter'm 28. Mai 1711 befahl er, daß in jedem Dorfe nicht mehr als Eine Straußwirthschaft geduldet und darin den Trinkgästen keine anderen als auf dem Roste zubereitete Speisen verabreicht würden. Musik und Tanz bei Kirchweihfesten und Hochzeiten gestattete er zwar wieder, aber im Winter nur bis 9 und im Sommer bis 10 Uhr Abends. Während des Gottesdienstes sollten nicht allein alle Bier-, Wein- und Branntwein-Schenken, alle Metzgerläden und Krämerbuden geschlossen sein, sondern auch alles Arbeiten, Spielen und Lärmen durchaus vermieden werden. Um die kostspieligen und zeitraubenden Berufungen von den Unterämtern an die Regierung zu beschränken, verordnete er am 1. Okt., daß sie nur stattfinden könnten in 15 Gl. übersteigenden Klagen. Durch Verordnung vom 8. Dez. verbot er, Ausmärker und unseßhafte Bedienstete zu Bürgern anzunehmen und ihnen Güter zu verkaufen; den 18. Febr. 1712 schrieb er vor, keinen Fremden, wenn er nicht für 200 Gl. Vermögen besäße, die Erlaubniß zur Heirath und Ansiedelung im Hochstifte zu bewilligen; den Soldaten setzte er zur Ehebedingung den Vorweis schriftlicher Erlaubniß seitens ihrer Hauptleute; den Juden untersagte er, Häuser und Güter, ohne besondere Ermächtigung, anzukaufen; den Handel treibenden Italienern gebot er, binnen Jahresfrist im Hochstifte seßhaft zu werden oder dasselbe zu verlassen; 2c.

Wieviel ihm am Jugendunterrichte lag, zeigt seine neue Schulordnung vom 8. März 1718. Sie war dazu bestimmt, die Gleichgültigkeit der Eltern für den Schulbesuch ihrer Kinder

zu ahnden. Bitter auch rügte sie die Nachlässig=
keit der Seelsorger und Mönche, die sich es
damit genügen ließen, der Jugend einige Ge=
betsformeln beizubringen. Nach treffendem In=
greß und Besprechung der Sorge für Leib und
Seele stellte dieselbe fest: „1) Die Pfarrer
sollen um Allerheiligen all' ihre schulpflichtigen
Kinder verzeichnen und das Verzeichniß zur
Bekanntmachung dem Ortsvorstande übergeben.
2) Wenn der Ortsvorstand die Kinder nicht
zur Schule anhält, so soll er das Schulgeld
bezahlen. 3) Die Schulversäumnisse sollen vom
Schullehrer verzeichnet, dem Ortsvorstand und
dem Pfarrer überreicht und durch den Dechant
dem Bischofe zugesendet werden. 4) Vermög=
liche Kinder sollen das ganze Schulgeld, weni=
ger vermögliche die Hälfte, arme nichts be=
zahlen. 5) Über die Zahlungsfähigkeit der
Kinder soll der Pfarrer mit dem Ortsvorstande
erkennen unter Beachtung, daß weder des Schul=
meisters Lohn ungerechter Weise geschmälert
noch der Arme bedrückt werde. 6) Ist der
Pfarrer in der Aufsicht über die Schule saum=
selig, so verfällt er einer Strafe von 10 Rthl.;
der fahrlässige Schulmeister einer von 5 Rthl."

Die hiebei von Hartard an den Tag gelegte
Klugheit fand Anerkennung, auch von Seiten
des Kaisers. Karl VI. befahl seinem Gesand=

an den Rhein beorderte, nichts zu thun, ohne vorab das Gutachten des „alten Herrn von Rollingen" eingeholt zu haben.

Wie als Fürst, so wirkte Hartard auch heilsam als Bischof. Mit demselben Eifer und derselben Umsicht, mit welchen er die Stiftsangelegenheiten als Statthalter leitete, besorgte er sie auch als wirklicher Oberhirt, und mit noch größerer Kraft.

Die verschiedenen Bauten, die Vollendung der bischöfl. Residenz, die Wiederherstellung des Münsters, die Verluste und derhalbigen Reklamationen des Kapitels u. dgl. verlor Hartard keinen Augenblick aus dem Gesichte.

Da während der Kriegsjahre die Verwaltung des Kirchenvermögens in den meisten Pfarren nachlässig betrieben, keine Rechnung ordentlich geführt, keine weder geprüft noch abgeschlossen worden, so ließ Hartard 1711 alle unabgeschlossenen durch's Generalvikariat einfordern.

Eine Menge Ermahnungen und Verordnungen behufs Hebung des christlichen Sinnes und der kirchlichen Zucht folgten schnell aufeinander. Weil manche bischöfliche Beamten und deren Weiber sich den öffentlichen Prozessionen und Opfergängen, namentlich zur Osterzeit, in ärgerlicher Weise entzogen, so belegte eine Verordnung vom 22. Mai 1713 sie für den Fall der Widerspenstigkeit mit einer Wachsbuße. Am 7. Nov. 1714 erschien eine Verordnung, laut welcher jeder Geistliche, welcher eine Perücke tragen wollte, hiefür eine besondere Erlaubniß erhalten und eine Steuer, beiläufig 15 Gl., entrichten mußte. Eine Verordnung vom 12. Juni 1816 beabsichtigte der ungebührlichen Besteuerung der Pfarrer durch die Erzdiakone ein Ziel zu setzen. Eine andere Verordnung ermahnte die Stiftsgeistlichen zu fleißigem Chorgebete, zu schönerm Gesange und tabellosem Psalmodiren. Eine noch im Sept. 1719 erlassene Verordnung sorgte für den Gottesdienst und den kirchlichen Unterricht an Sonn- und Feiertagen. Zum Besuche der christlichen Lehre mußten die Pfarrer nicht allein die Jugend und das Hausgesinde, sondern auch die Väter und Mütter, letztere außerdem noch zur Überwachung der Ihrigen, ermahnen und anhalten.

Um schneller noch Glauben und Sittlichkeit zu verbreiten, ließ der Oberhirt 1718 auch Buß- und Missionspredigten abhalten, und machte den Anfang damit auf dem pfälzischen und badischen Gebiete. Dagegen milderte er das kirchliche Abstinenzgebot, indem er wegen und während des Krieges an den Mittwochen, Freitagen und Samstagen, selbst in den Fasten, den Genuß der Fleischspeisen zugestand.

Doch nicht mit Worten nur, sondern auch

mit der That bemühte sich Hartard die
Mißstände, Nachlässigkeiten und Mängel im
Betragen seiner Sprengelsangehörigen aufzu=
decken, zu heilen oder abzustellen. Daher
beauftragte er im Sommer 1718 seinen Weih=
bischof und einige geistliche Räthe, alle Pfar=
ren des Bisthums zu besichtigen und keinen
Fehler oder Mißbrauch bei Geistlichen oder
Laien, in Kirch' oder Schule, Stiftung oder
Besitz, ungeahndet zu lassen. Wie umständlich
und gewissenhaft dieser Auftrag vollzogen ward,
davon zeugen die noch vorhandenen darüber
aufgestellten Originalprotokolle[1]).

Zudem war für seine Pfleglinge, geistliche
und weltliche, Hartard's Beispiel eine voran=
gehende Leuchte. In Allem liebte er Biederkeit
und Einfachheit. Er bedurfte keines reichbesetzten
Marstalls, keiner müßigen Wachen, keiner
Trommler und Pfeifer. Glänzende Umgebung,
feierliche Begrüßungen, ehrende Aufzüge ver=
mied er, wo er es nur vermochte. Ihm war es
zuwider, wenn er ein neues Kleid anlegen
sollte. Auch der geringste Landmann hatte bei
ihm freien Zutritt. Er duldete nie, daß Einer
knieend seine Bitte vortrug. Das Küssen seiner
Hände, seiner Kleider suchte er, wo möglich, zu
verhindern. Zu Bruchsal, wo er in dem nach

---

1) In der Sammlung der «Constit. ecclesiastic. spirens.»

ihm benannten „Rollingerhaus" wohnte, besuchte er jeden Sonntag zu Fuß und ohne Bedienung die Predigt. Dort knieete er sich in des Volkes Mitte auf den freien Boden, und verrichtete sein Gebet in stiller Sammlung oder mit dem Rosenkranze, den er an der Hand trug. Erbaulich wohnte er auch den öffentlichen Bittgängen und Prozessionen bei, ohne dabei weder bei Hitze noch bei Kälte sein schneeweißes Haupt gegen die Witterung zu decken.

In der Verwaltung der Diözese bediente Hartard sich der Hilfe des greisen Weihbischofs P. C. Beyweg und des von ihm zum Generalvikar erhobenen Domkapitulars Joh. Adolph Spies v. Bullesheim. Zu Domkapitularen installirte er Loth. Frnh. Hanib. v. Dalberg, Leop. v. Nesselrode, dann Emerich v. Metternich, die Grafen Ferd. von Hohenzollern und Joh. Jak. Frz. v. Eltz von Kempenich, Joh. Hugo v. Lombeck, Loth. Frz. Knebel v. Katzenellenbogen und Loth. Ferdin. v. Metternich. Im Jahre 1716 investirte er Wilh. v. Sickingen mit der Propstei Entzenthal und ertheilte dem Abte Bernhard zu Schwarzacht die von diesem nachgesuchte Belehnung.

Schon vor Ende desselben Jahres dachte Hartard im Gefühle seiner zunehmenden Altersschwäche ernstlich auch daran, sich einen Amtsnachfolger zu bestellen. Da er jedoch gemäß Verordnung dieß ohne Einwilligung des Domkapitels nicht thun konnte, so wandte er sich deshalb nach Rom und sandte am 15. Mai seinen Vicekanzler v. Streit in die Sitzung der Kapitulare, um darin diese Angelegenheit zu verhandeln. Das Kapitel war der Sache nicht abgeneigt und beauftragte v. Auwach und v. Eltz, dieselbe mündlich mit dem Bischofe zu besprechen. Schon am folgenden Tage kam der genannte Vicekanzler dem Kapitel eröffnen, wie sowohl der Kaiser als auch der Kurfürst von der Pfalz und besonders der Papst, von welchem er ein deshalbiges Schreiben vorzeigte, wünschen, daß der Kardinal Damian Hugo Philipp von Schönborn zum Coadjutor gewählt werde. Noch in derselben Sitzung wurden die Wahlbedingungen besprochen und der 21. Juli zum Wahltage festgesetzt. Die Wahl, bei welcher v. Stadion als kaiserlicher Bevollmächtigter erschien, nahmen 14 Kapitulare vor, unter welchen Domdechant Joh. Heydenreich v. Gysenberg, Ph. Anton v. Eltz und Kl. Philipp v. Greifenclau Stimmeröffner waren. Sie geschah «vigore compromissi mixti scrutinii», fiel einstimmig auf den genannten Kardinal, wurde mit allgemeinem Jubel aufgenommen und auf dem Domplatze mit 75 Freudenschüssen, wogegen als eine Neuerung die Speierer protestirten, begrüßt. Auch nahm sie der Gewählte bereitwillig an. Darum kam er bald nach Bruchsal zu dem greisen Fürstbischofe, verweilte jedoch nicht länger bei ihm und nahm auch während dessen Lebzeit keinen Antheil an der Verwaltung des Hochstiftes.

§. 9. Hartard's Tod und Begräbniß¹).

Die anstrengenden Arbeiten, denen Hartard oblag, die vielen Kriegsereignisse und besonders die fortwährenden Reibungen, in welchen er mit seiner Residenzstadt lebte, mußten auf die Dauer seine Gesundheit zerrütten. Bereits hatte er viele und harte Krankheiten ertragen, da kam endlich seine letzte, welche 17 Monate währte und ebenso schmerzenvoll war, als seine Geduld dabei männlich und rührend. In Folge derselben fühlte er sich so schwach und seine Hand von so starkem Zittern ergriffen, daß er seine Unterschrift nicht mehr zu geben vermochte. Schon unter'm 6. Aug. 1718 schrieb das bischöfliche General=Vikariat öffentliche Gebete aus, um des geliebten Oberhirten längere Erhaltung zu erflehen. Mit Ergebung in den göttlichen Willen sah dieser seinen Tod herannahen und schaute ihm, nachdem er sich auf denselben am 26. Aug. 1718 mit Em=

---

[1] Frz. X. Remling, Gesch. b. Bisch. z. Sprier. II. Bd. 2. H. S. 622 ff.

pfang aller Sterbesakramente vorbereitet hatte, ruhig entgegen. Gleichwohl hatte er noch ein ganzes Jahr mit Leiden und Unfällen, Seitenstechen, Magendrücken, Herzklopfen, Gicht-, Lenden-, Gries- und Steinwehen zu kämpfen.

Am Rande des Grabes noch ermahnte der Kranke in seinem Hirtenbriefe vom 26. Okt. d. J. die Geistlichen, den Zorn Gottes, welcher sich schon so verwüstend über die Stadt, das Münster und die ganze Diözese ergossen, nicht von Neuem zur Rache aufzufordern und sich zu diesem Zwecke vor Ausschweifung, Unlauterkeit, Trunksucht, Kleiderpracht und Luxus zu hüten. Auch berief er sie auf den 2. Dinstag nach Ostern, 18. April 1719, zu einer allgemeinen Sende in die Domkirche, und wohnte noch persönlich, wenn auch sehr leidend, der begeisterten Predigt bei, durch welche dort Jesuit Herold zur Tugend und Weisheit, zu musterhaftem Wandel und rechtgläubiger Gesinnung ermunterte.

Am Vortage seines Absterbens traf Hartarb, unter Beiziehung von sieben Zeugen, seine letztwilligen Verfügungen. Vor Allem bat er Gott, durch Fürsprache der allerseligsten Jungfrau und seines Schutzheiligen, um die Gnade eines seligen Todes. Als seine gleichberechtigten Haupterben ernannte er dann die Domfabrik, die Armen des Hochstifts und seinen Neffen, den Oberstallmeister und Amtmann von Bruchsal, Joh. Philipp von Rollingen. Letzterem legte er auf, von dieser Erbschaft anzukaufen ein freiadeliges Gut, welches sich in seiner Familie vererben und nach deren Aussterben als Stiftung für alte dienstunfähige Pfarrer dienen sollte. Sein Begräbniß nebst Errichtung eines marmornen Grabsteines am ersten nordöstlichen Bogen unterhalb des Königschors im Dome bestimmte er einfach zwar, jedoch nach altem Herkommen. Zum Troste seiner Seele befahl er, gleich nach seinem Verscheiden 1000 heilige Messen von den Geistlichen zu Speier und Bruchsal celebriren und 300 Gl. unter die Hausarmen vertheilen zu lassen. In der Kathedrale stiftete er sich ein Jahrgebächtniß mit 1000 Reichsthl. und in der Stiftskirche zu Bruchsal ein gleiches mit 600 Gl. Aus besonderer Verehrung der Gottesmutter überließ er deren Gnadenbilde zu Speier seine goldene Kette sammt dem daran gehängten Goldpfennige. Jedem seiner drei Neffen: Loth. Frch., Kl. Wolfgang Hch. und Joh. Ferdin. von Rollingen, vermachte er 4000 Gl. Der hochstiftischen Oberststallmeisterin Theresia von Rollingen, geborenen Freiin Knebel von Katzenellenbogen, schenkte er ein mit Diamanten reich verziertes Brustbild des Königs von Frankreich, welches ihm dieser kurz vor seinem Tode verehrt hatte. Der Oberstallmeisterin von Mainz, Charlotte von Rollingen, geborenen Freiin von Thüngen, bestimmte er seinen vom römischen Könige Joseph I. erhaltenen kostbaren Ring; seinem „geliebten Vetter Joh. Ant. von Feltz", Stiftsdechanten zu Bruchsal, sein in schwarzem Kästchen befindliches silbernes «Cavalier Service» mit zwei silbernen Leuchtern und Lichtputzen. Der Frau de la Veaux, gebornen Gräfin v. Thiancourt, einer im Kloster Frauenalb untergebrachten Anverwandten, welcher er länger schon Unterstützung hatte zufließen lassen, wies er ein jährliches Leibgeding von 200 Gl. auf so lange an, als sie sich unter Katholiken befinden und wohl verhalten würde. Würde sie sich aber an einen hessischen Hof, in die Schweiz, oder sonstwohin begeben, wo ihr Glaube gefährdet wäre, so sollte sie dieser Unterstützung verlustig gehen. Dem Hofrath und Geheimschreiber Schommartz, welcher seine Briefschaften zu durchsuchen die Weisung erhielt, verordnete er ein silbernes Waschbecken und einen vergoldeten Deckelbecher. Zu Testamentsvollstreckern ernannte er „seinen inniglich geliebten Sohn und Nachfolger", Damian Hugo, seinen bisherigen Regierungspräsidenten v. Auwach und seinen Vicekanzler Streit, welche gleichfalls Silbergeschirr zu besonderem Andenken erhielten.

So gebrechlich und zerrüttet Hartard's Leib auf dem Schmerzenbette war, so frei, hell und verständig blieb sein Geist bis zum letzten Athemzuge. Er lag im Fürstenhause mit verklärten Zügen und lächelnd wie ein Kind im Traume. Seine Lippen zuckten leise, seine Stirne verlor ihre Runzeln, ein flüchtiges Roth überzog sein Angesicht. Immer verengerte sich der Kreis seiner Wahrnehmung. Alles, was auf seinen Gewissenszustand Bezug hatte, nahm er mit Freuden auf, und seine Reue wurde zur unablässig ihn mit Jesu beschäftigenden Seelenstimmung.

Es war Donnerstags am 30. Nov. 1719, als er, die brennende Kerze in der Hand und inmitten vieler Betender, Geistlicher und Weltlicher, seine schwergeprüfte Seele aushauchte. Eine halbe Stunde vorher hatte er noch einmal gebeichtet und die heilige Ölung empfangen.

Die Leiche, in welcher bei deren Eröffnung Dr. Häpland von Bensheim Steine und Polypen fand, wurde an dem dazu bestimmten Platze beerdigt. Diese Beerdigung nebst Trauerfeierlichkeit fand am 18. Dez. Statt. Da zu wenig Domvikare zu Speier anwesend waren, so wurden die Stiftsherren ersucht, den Sarg von dem Napfe bis zum Grabe zu tragen. Der

das Kapitelskreuz. Die Stadtmusikanten mach=
ten, wofür sie noch am 12. Febr. 1731 ein
Honorar forderten, mit ihren Instrumenten
Aufwartung. Die Leichenrede hielt des Ver=
storbenen Beichtvater, Jesuit Konrad Schleh=
lein, und zwar über die Worte: „Dieser ist
mir ein auserwähltes Gefäß... ich will ihm
zeigen, was er für meinen Namen wird leiden
müssen." Apstgsch. IX., 16. In derselben nannte
er Hartard ein Licht für Kirche und Reich.

Über dem Grabe wurde 1722 ein schwarz=
marmorenes Denkmal errichtet, welches, nach=
dem es zu Ende des vorigen Jahrhunderts
von französischen Freibeutern verstümmelt wor=
den, bei Wiederherstellung des Domes 1821
aus demselben entfernt werden mußte. Das=
selbe trug eine zwar breite aber wahre latei=
nische Inschrift[1]), welche in wortgetreuer Über=
setzung lautet:

„Steh' still, Wandrer, und lerne, daß männ=
liche Tugend auch nach dem Tode lebt. So
lebt nach seinem Absterben in diesem Denkmal
und wird ewig in den Herzen der ihm ergebe=
nen und ihn überlebenden Seinigen, in der
Liebe seiner Unterthanen, in den Seufzern der
Armen, in der Trauer des Vaterlandes, ewi=

gen Andenkens würdig leben der hochw. und erlauchteste Reichsfürst und Herr, Herr Heinrich Hartard von Rollingen, Bischof zu Speier, Propst zu Weißenburg und Odenheim. Ihn gab der Welt der 13. Dez. 1633, ihn nahm weg der 30. Nov. 1719 am Feste des hl. Apostels Andreas, mit welchem derselbe unter Umarmung des Kreuzes, nach standhafter 17monatlicher gottvertrauens- und ergebungsvoller Erduldung verschiedener sehr bitterer Krankheits- und Todesschmerzen, voll Hoffnung, zur ewigen Ruhe in den Himmel hinüber wallte. Frömmigkeit und Liebe zu Gott und der seligsten Jungfrau sog er ein mit der Muttermilch; ihn rüstete die Natur aus mit auserlesenem Talente für alles Schwierige; ihn machten Studium und Anstrengung der Kräfte geschickt zu den höchsten Würden, Geschäften und Gesandtschaften in dem einen wie anderen Forum. An der Metropolitankirche zu Trier war er Kapitular und Chorbischof, am Dome zu Speier Scholaster und Dechant, im adeligen Stifte zu Bruchsal Propst. Endlich am 24. Febr. 1711 zur hohen Bischofswürde erwählt, bekleidete er diese derart, daß ihn Keiner im Ruhme der Haupttugenden und Verdienste übertraf. An ihm hatten die Fürsten das Ideal eines Herrschers, der Klerus eine Lebensnorm, die Faterland einen Tröster, die Untergebenen einen Vater, die Armen einen Hort, alle Guten einen Gegenstand überfließenden Lobes und höchster Bewunderung. Mit einem Worte: er war ein über allen Lobspruch erhabener Fürst, für den sich weiter nichts mehr wünschen ließ, als Unsterblichkeit. Da ihm diese die Welt nicht zu geben vermochte, so gab ihm sie der Himmel, in WeLCheM er gottfeLIg eW'gen FrIeDens genießet" [1]).

---

[1] In qVo CVM Deo paCe frVItVr æterni.

Marienhof, 24. Juni 1865.